Début d'une série de documents
en couleur

HISTOIRE RELIGIEUSE

DE

SAINT-LAURENT-EN-ROYANS

(Drôme)

PAR

L'Abbé L. FILLET

Curé d'Allex

Correspondant du Ministère de l'Instruction Publique

VALENCE

VERCELIN, LIBRAIRE, RUE SAUNIÈRE, 10

1895

MÊME LIBRAIRIE

Du même Auteur

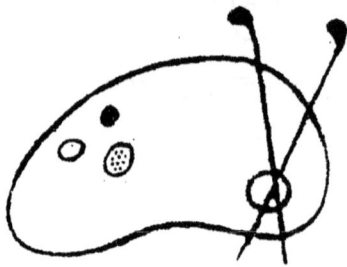

Fin d'une série de documents
en couleur

HISTOIRE RELIGIEUSE

DE

SAINT-LAURENT-EN-ROYANS (Drôme)

Extrait du *Bulletin d'Histoire ecclésiastique et d'Archéologie religieuse des diocèses de Valence, Gap, Grenoble et Viviers.*

HISTOIRE RELIGIEUSE

DE

SAINT-LAURENT-EN-ROYANS

(Drôme)

PAR

L'Abbé L. FILLET

Curé d'Allex

Correspondant du Ministère de l'Instruction Publique

VALENCE

VERCELIN, LIBRAIRE, RUE SAUNIÈRE, 10

1895

HISTOIRE RELIGIEUSE

DE

SAINT-LAURENT-EN-ROYANS

(Drôme)

Saint-Laurent-en-Royans ! Quelle paroisse eut jamais plus de
titres à notre attention d'historien ! Est-il une localité dont le passé
religieux nous intéresse davantage ! Saint-Laurent-en-Royans !
Mais c'est le lieu qui nous vit naître ! C'est dans son église que
nous fûmes régénéré par le saint baptême, que nous reçûmes pour
la première fois le pain des Anges ! Ce sont les dignes prêtres
chargés d'y exercer le divin ministère, qui ont dirigé nos premiers
pas vers l'auguste Sacerdoce auquel nous avons eu l'ineffable honneur d'être admis !

Aussi dès notre jeunesse avions-nous commencé à recueillir, avec
l'intention d'abord un peu incertaine de le publier un jour, ce que
nos archives, quelques ouvrages, et la tradition, pouvaient fournir
de détails historiques sur cette chère paroisse. Mais diverses raisons
nous avaient fait ajourner bien longtemps la publication de notre
travail. Nous tenions surtout à le rendre aussi complet que possible,
et il a fallu, pour cela, attendre certains documents qu'on nous
avait fait espérer.

Aujourd'hui nous croyons être en possession de tout ce qu'une
recherche patiente et sérieuse permet de réunir. Aussi voulons-nous
offrir sans plus de retard le résultat de notre étude sur l'histoire de

notre cher Saint-Laurent aux lecteurs qui peuvent s'y intéresser, et
surtout à nos compatriotes. Nous suivrons dans cette œuvre mo-
deste l'ordre suivi dans les œuvres du même genre que nous avons
déjà publiées. Après une section consacrée aux origines de la paroisse, viendront les sections relatives à la possession du bénéfice
par des religieux illustres, à l'église et aux curés, aux chapelles et
aux confréries locales. Les institutions charitables et scolaires de la
paroisse, l'ancien prieuré et l'ancienne église de Laval-Saint-Mémoire, et les illustrations ecclésiastiques du lieu, ne seront point ou-
bliés ; ils auront pareillement leur sections distinctes.

I. — Origines. Chanoines de Romans.

Chaque jour le cultivateur rencontre sur le territoire de Saint-
- Laurent, des tuiles romaines à crochet, qu'on appelle vulgairement
et bien à tort tuiles sarrasines.

Plusieurs fois aussi on y a mis à jour des monuments antiques d'un
caractère moins commun.

Vers l'année 1830, M. Alléobert découvrit sur la limite des *Gachetières* avec les *Bournières*, d'anciennes monnaies dont quelques-
unes étaient en argent, mais sur lesquelles on manque aujourd'hui
de détails.

Vers 1840, on trouva au *Serre*, près de *la Meyrie*, des filières de
sable fin disposé artificiellement, des débris de ciment fort dur et
de vieux murs, qui ont fait voir dans ce lieu l'emplacement d'une
villa romaine. Cette opinion est appuyée par la découverte, vers ces
débris, d'une statuette et de monnaies romaines. La statuette, en
bronze, avait environ 15 centimètres de haut et pesait 5 *quarterons*.
Elle avait les ongles dorés, et sur la tête un peigne également doré.
Une main était étendue, et l'autre abaissée de manière à cacher la
nudité. Elle fut vendue 50 sous à un paysan, qui la donna à un
bourgeois de Saint-Jean-en-Royans. Des monnaies, une seule nous
a été montrée ; c'est une pièce de moyen bronze, où on lit avec peine,
à la face, autour d'une tête d'empereur, ces lettres : /// /// /// DIVS
AVGVSTVS, et au revers : PROPV /// NA.

Mais le monument romain le plus important du lieu est, sans con-
tredit, le tombeau en forme de cippe carré trouvé dans le cimetière
primitif de Saint-Laurent, devenu la place publique actuelle. Il fut

transporté, il y a quelques 60 ans, dans le lieu où il est encore aujourd'hui, c'est-à-dire au milieu du cimetière alors nouveau, mais abandonné à son tour vers 1870. Ce monument est orné d'une base et d'une corniche ; il présente sur sa face supérieure l'image sculptée en creux d'une patère, et sur le côté gauche une *ascia* en relief; enfin il porte sur une de ses faces principales une inscription parfaitement conservée. Celle-ci a été publiée, avec des commentaires de M. Allmer, dans le *Bulletin de la Société d'archéologie de la Drôme*, en suite de notre communication (1). Mais notre première lecture, trop hâtée, était inexacte sur plusieurs points, ce qui a causé quelque incertitude dans sa reproduction. Nous donnons ici le texte exact, d'après une dernière inspection bien attentive :

T SAMMIO TER

TIOLO SCRIB

AERARI DEFV

NCTO ANN XXVI

CONNIA CON

NIOLA CON

IVGI OPTIMO

ET T SAMMIVS

CONNIVS PATRI

c'est-à-dire : *Tito Sammio Tertiolo, scribae aerarii, defuncto annorum XXVI, Connia Conniola conjugi optimo et Titus Sammius Connius patri.*

Le tombeau que nous possédons fut donc élevé à Titus Sammius Tertiolus, écrivain employé au trésor et décédé à l'âge de 26 ans, par Connia Conniola son épouse et par Titus Sammius Connius son fils adoptif (2).

Ces détails ne sont pas tout à fait étrangers à notre sujet. Ils

(1) *Bullet. de la Soc. d'archéol. de la Drôme*, III, 69-71 et 225 ; IV, 156.
(2) M. Rousset, d'Uzès, a envoyé au Comité des Travaux historiques et scientifiques le dessin d'un tuyau de plomb portant le nom de Sextus Sammius Servatianus. M. Héron de Villefosse fait remarquer, à ce sujet que « la famille *Sammia*, à laquelle appartient Servatianus, revient très souvent dans les inscriptions de Nîmes, » où on relève le nom de *Sextus Sammius Apronianus*. (MÉNARD, *Hist. de la ville de Nîmes*, nouv. édit., t. VII, p. 150; — *Bullet. archéol. du Comité des Trav. hist. et scient.*, 1887, p. 237).

prouvent que le territoire de Saint-Laurent fut habité et cultivé dès l'époque romaine, et on peut raisonnablement penser que, malgré son éloignement des cités épiscopales, il y eut de bonne heure des âmes chrétiennes, des adorateurs du vrai Dieu. Nul doute que, dès la construction d'églises rurales dans l'ancien diocèse de Die, notre cher pays n'ait été en mesure d'en avoir une. Au surplus, il est vrai-semblable que le tombeau de Titus Sammius Tertiolus a été placé près de sa maison et dans le terrain qui, plus tard, devait servir de cimetière primitif à la paroisse.

Dès lors, on peut voir dans la maison de ce personnage, peut-être avoisinée de plusieurs autres, l'origine du village ou bourg de Saint-Laurent Si cette origine, fort probable selon nous, devait être abandonnée, il faudrait renoncer à une antiquité si reculée, et s'en tenir à ces mots de M. l'abbé Vincent : « La piété des premiers chré-tiens élevait autrefois des chapelles à la croisée des chemins, pour recevoir la prière du voyageur. Lorsque la population des campa-gnes se fut accrue, on agrandit les chapelles, et elles devinrent églises paroissiales ; puis, les chemins se multipliant, au lieu d'oratoires, on dressa des croix à tous les embranchements ; cet usage existe en-core dans beaucoup de lieux. Telle est l'origine de la paroisse de Saint-Laurent (1). » En tout cas, il faut certainement dire, avec l'his-torien cité, que cette paroisse « est très ancienne. » Quant au village, s'il n'a pas été originairement « formé des maisons qui successive-ment vinrent se grouper autour du presbytère, » nul doute que ce dernier et l'église paroissiale n'aient été la cause principale de son développement.

Voilà tout ce que nous pouvons dire de la fondation de notre cher Saint-Laurent. Bien plus, la date de l'église ne peut être donnée que d'une manière vague et incertaine. Comment faire mieux avec les éléments dont nous disposons? Sur ce point particulier, nous sommes réduits à ces deux notions : le culte du saint diacre Laurent était déjà vivant dans le midi de la France au VIe siècle (2) et une église avait été dédiée à ce saint antérieurement à 1086 dans cette même paroisse du Royans dont il est encore le titulaire et le patron. Ce dernier fait ressort d'un document qui concerne à la fois l'église et le bénéfice du lieu, et que nous allons immédiatement mettre à profit.

(1) *Lettres hist. sur le Royans,* p. 248-9.
(2) *Bullet. de la Société d'archéologie de la Drôme,* I, 48.

Pour cela, rappelons-nous d'abord deux faits d'un ordre plus général.

Au Xᵉ siècle, beaucoup de seigneurs profitant de l'anarchie de nos contrées, et des difficultés où était l'Eglise d'y faire respecter ses droits, s'étaient emparés des biens ecclésiastiques, des bénéfices, des revenus destinés à l'entretien des ministres sacrés et au soulagement des pauvres. Cependant, pour satisfaire aux exigences les plus impérieuses des populations chrétiennes et se maintenir avec une ombre de droit dans la perception des revenus usurpés, ils entretenaient ordinairement un prêtre chargé de faire le service religieux. Ces déplorables désordres, qui avaient encore cours au commencement du XIᵉ siècle, finirent par diminuer et disparaître plus ou moins complètement. Quand de meilleurs jours furent venus, on restitua les églises et biens usurpés ; mais ces restitutions furent souvent dissimulées sous la forme de donations. Ce travail de réparation, auquel saint Hugues, évêque de Grenoble, eut tant de part dans nos contrées, s'opéra principalement pendant la seconde moitié du XIᵉ siècle et au commencement du XIIᵉ.

D'autre part, le XIᵉ siècle vit l'érection d'une foule de nouvelles églises et chapelles et l'organisation de nouvelles paroisses. Très souvent cette érection fut due à des monastères ; souvent aussi elle le fut à des familles riches, généreuses et chrétiennes, qui parfois dotèrent les nouvelles églises ou chapelles de fonds ou autres biens. Mais ces chapelles et églises durent être confiées à des prêtres séculiers ou à des religieux. Dans ce cas, généralement ces familles se réservaient, avec la permission de l'autorité ecclésiastique, la faculté de désigner à cette autorité les clercs ou prêtres auxquels les églises et les biens y annexés seraient confiés. Voilà le droit de patronage ecclésiastique, dont on a tant usé et abusé pendant le moyen-âge. D'autres fois cependant les fondateurs d'édifices religieux laissèrent à l'évêque du diocèse, ou aux monastères chargés de les faire desservir, tout soin et tout droit de les confier à qui ils voudraient.

Or, en 1086, l'église de Saint-Laurent-en-Royans et sa voisine, celle de Sainte-Eulalie, furent précisément l'objet d'une de ces deux sortes de cessions, souvent aussi semblables dans la forme que différentes pour le fond. L'une et l'autre de ces églises étaient, plus probablement par suite de quelque usurpation, aux mains de la famille de Chapeverse, originaire d'un quartier de ce nom situé dans la commune actuelle de Prêles (Isère). Elle les céda à l'abbaye de

Romans, qui avait déjà été gratifiée d'une métairie située dans le
Royans, en la paroisse de Saint-Just, et comptait parmi ses chanoines un membre de cette famille. Voici dans toutes son étendue
et traduit aussi fidèlement que possible, l'acte qui nous révèle cette
cession :

« A la très sainte église qui est située dans le pays Viennois,
« sur le fleuve d'Isère, en l'honneur des douze Apôtres et des
« saints martyrs Séverin, Exupère, et Félicien, où le bienheureux
« confesseur Barnard repose, nous frères, fils de Guillaume de Chape
« Verse, Armier, chanoine de la même église, Guillaume, Boni-
« face et Baudouin, donnons les églises situées dans notre alleu du
« pays de Royans, en l'évêché de Die, dont l'une est dite de Saint-
« Laurent, l'autre de Sainte-Eulalie. Nous faisons ce don pour la
« rédemption de nos âmes et de celles de notre père Guillaume et de
« notre mère Atila, avec le conseil et l'approbation de Guillaume
« de Pariset, de qui relèvent les biens donnés, et avec l'assentiment
« et la confirmation de Lambert François et de sa mère Adbaldise.
« Seing des quatre frères. Seing de Didier, prêtre des mêmes égli-
« ses. Seing d'Ismidon de Bosiet.

« Ensuite les chanoines de Romans sont venus à Die pendant que
« le seigneur Ponce, évêque de Die, célébrait un synode, et lui ont
« intimé la donation desdites églises à l'église de Romans. Cette
« donation a été sanctionnée par cet évêque, de l'avis de ses clercs,
« en plein synode, l'an de l'Incarnation du Seigneur 1086. »

Mise en possession de ces deux églises et de leurs biens, l'abbaye de Romans continua à étendre ses possessions dans le Royans.
En effet, nous la voyons bientôt après, sous le gouvernement de Guy
de Bourgogne, par conséquent de 1088 à 1119, recevoir une métairie située à Saint-Martin-le-Colonel, sur les bords du Chaillard.
Vers le même temps, Albert de Chatte et sa femme Sybille donnaient
à la même abbaye, pour la prébende canoniale de leur fils Francon,
une métairie située dans le diocèse de Die et au mandement de
Châtelus, avec tous les droits qu'y exerçaient les gérants du donateur.
Cette dernière métairie était du côté de Vésor (1).

Nous ne savons combien de temps l'abbaye de Romans conserva
ses possessions du Royans. Son cartulaire ne les mentionne que
quand il s'agit d'en constater l'acquisition, et nous n'avons plus

(1) *Chartular. Sancti Barnardi Roman.*, ch. 114, 161, 244 et 245 ; — E. Gi-
RAUD, *Essai hist. sur l'abbaye de S. Barnard...*, 1ʳᵉ part., p. 103-4.

trouvé dans les documents consultés aucune trace des métairies sus-
dites. Déjà, dans un opuscule sur la paroisse de Sainte-Eulalie (1),
nous avons constaté le silence de nos archives à l'égard de son
bénéfice et de son église pendant le XIIe et le XIIIe siècles ; mais,
comme nous l'avons pareillement constaté, cette église et ses biens
avaient passé au prieuré antonin de Pont-en-Royans antérieurement à l'année 1373. Pour Saint-Laurent, nous sommes un peu
plus heureux, malgré notre extrême pénurie de détails précis sur
son église et son bénéfice aux XIIe et XIIIe siècles mêmes (2). En
effet, il est certain que, après les chanoines de Romans, qui perdi-
rent probablement en même temps et pour la même cause toutes
leurs possessions du Royans, on trouve à Saint-Laurent les Templiers, et, plus tard, les Hospitaliers de Saint-Jean de Jérusalem.

Mais qu'étaient-ce que ces religieux ? Quand et comment furent-
ils amenés à s'établir à Saint-Laurent ? Quelles y furent les conditions et les phases de leur existence ? C'est ce que nous avons à
rechercher maintenant et ce qui fera surtout l'objet de la section
suivante.

II. — Bénéfice et Commanderie. — Templiers.
— Hospitaliers de St-Jean.

Les Templiers sont un Ordre religieux et militaire, fondé en Palestine l'an 1108, par Hugues des Payens et huit autres gentilshommes,
pour la défense de la Terre-Sainte. Aux trois vœux ordinaires de
chasteté, de pauvreté et d'obéissance, ils ajoutèrent celui de porter
les armes contre les infidèles et de protéger les voyageurs et les pèlerins. Le roi Baudouin II leur accorda pour demeure une maison
voisine du Temple de Salomon, d'où ils furent appelés *Frères de la
milice du Temple, chevaliers du Temple, Templiers.* Leur institut fut
confirmé par un concile de Troyes en 1128.

(1) *Notice hist. sur la paroisse de Saint-Eulalie-en-Royans.* Valence, Vercelin
libraire (1888).
(2) Le *Cartulaire de Die* mentionne dans un acte de 1203 une église de Saint-
Laurent, et dans un acte de 1218, Sofrey, prieur de Saint-Laurent. Un auteur a
supposé qu'il s'agit là de Saint-Laurent-en-Royans ; mais nous ne pouvons nous
ranger à son avis. (Ul. Chevalier, *Cartul. de Die*, pp. 42, 63 et 189. — Hau-
réau, *Gallia Christ.*, t. XVI, instrum., col. 197-9).

Les Templiers portaient un vêtement blanc, symbole de la pureté, avec une croix rouge, emblème du martyre. Leur vie était très austère ; la règle leur imposait l'exil perpétuel de leur patrie, et une guerre sans trêve contre les infidèles. Les principales dignités établies parmi eux étaient celles du *grand-maître*, des *grands-prieurs*, des *visiteurs* et des *commandeurs*.

Leur Ordre ne resta pas longtemps confiné en Palestine. En 1129, il avait déjà des établissements dans les Pays-Bas. En 1134, Alphonse Ier, roi de Navarre et d'Aragon, l'institua héritier de ses Etats. Dès 1137, ils avaient une maison à Roais près de Vaison. En 1138, ils fondaient celle de Richerenches près de Valréas. Ponce de Grillon, alors évêque de St-Paul-Trois-Châteaux, poussa Bertrand de Baumes à se faire Templier, et donna à l'ordre l'église et le quartier de St-Jean, situés dans sa ville épiscopale.

Dès 1183, les Templiers eurent à Valence en Dauphiné des propriétés, qui en 1197 dépendaient d'une commanderie érigée dans cette ville sous le titre de saint Emilien. Au XIIIe siècle, ils avaient en notre province un nombre considérable de maisons, notamment une à Saint-Laurent-en-Royans.

A celle-ci étaient annexés des biens dont on pourra apprécier l'importance d'après des détails que nous donnerons plus loin.

Malheureusement nous ne savons ni l'année ni l'auteur de la fondation de cette maison. Le peu que nous savons de l'établissement pour l'époque où les Templiers le possédèrent se réduit presque à la constatation de cette possession. Nous l'ignorerions sans un acte de 1314, dont on trouvera plus loin l'analyse. En attendant, il nous faut rappeler les événements qui, après avoir amené l'abolition de l'Ordre des Templiers, aboutirent à la cession de la maison et de l'établissement que ces religieux avaient dans la paroisse de Saint-Laurent, à un autre Ordre religieux.

Les Templiers se corrompirent dans la prospérité, et, trente ans à peine après leur avoir donné une règle, saint Bernard leur reprochait le luxe de leurs vêtements et de leurs armes, leur avidité et leur orgueil. Plus tard, leur puissance porta ombrage au roi de France ; leur or excita sa convoitise. Ils avaient refusé de l'admettre dans leur Ordre ; il résolut de les perdre. Des bruits odieux furent répandus contre eux ; on les accusa de blasphème, de sacrilège, d'idolatrie et d'impureté. Arrêtés dans toute la France, ils furent condamnés, malgré la rétractation d'aveux qu'on leur avait arrachés. Le 13 avril 1312, au concile de Vienne en Dauphiné, le pape, sur les instances de Philippe-le-Bel, abolit leur Ordre. Leurs biens furent adjugés aux Hospitaliers de Saint-Jean de Jérusalem (1), dont l'Ordre avait une destination à peu près semblable à celle de l'Ordre aboli, comme il est aisé de s'en convaincre par les quelques notions qui suivent.

En 1084, quelques marchands d'Amalfi bâtirent à Jérusalem, du consentement du calife, un hôpital qu'ils dédièrent à saint Jean-Baptiste. On y reçut les pèlerins qui venaient visiter les Saints-Lieux. Pierre Gérard devint, sous le titre de *Maître de l'Hôpital*, le chef de cette pieuse et louable institution, laquelle fut bientôt constituée en un Ordre religieux. Les statuts des *Hospitaliers de Saint-Jean de Jérusalem* furent définitivement régularisés en 1113 par une bulle de Pascal II. Ils imposaient aux religieux, outre les vœux d'obéissance, de pauvreté et de chasteté, celui de recevoir, traiter et défendre les pèlerins. De là résultait pour ces religieux la nécessité de prendre les armes, de vivre militairement. On distingua parmi eux les chevaliers, qui devaient être nobles, les prêtres ou les chapelains, et les frères servants, dont les uns suivaient les chevaliers à la guerre et les autres étaient attachés à l'Hôpital.

Repoussés de la Palestine, les Hospitaliers se retirèrent dans l'île de Chypre, puis, en 1310, dans celle de Rhodes, qu'ils défendirent longtemps contre les Sarrasins. De là leur nom de *Chevaliers de Rhodes*.

Enfin, attaqués par Soliman II, ils vinrent en 1530 se fixer dans l'île de Malte, qu'ils gardèrent jusqu'en 1798 et d'où ils ont tiré le nom de *Chevaliers de Malte*.

Mais les Hospitaliers, répondant à un besoin des temps, connus et appréciés des croisés, eurent bien vite, comme les Templiers, outre leur maison principale, une foule de maisons secondaires dans les diverses nations de l'Europe. Ainsi, on les trouve établis avant 1160 à Saint-Paul-lès-Romans, et avant 1170 à Valence, où leur maison, située hors et près des murs de la ville, et régie par un com-

---

(1) U. Chevalier, *Cartul. Templi de Roais*, p. 61 ; *Cartul. S. Petri de Burgo* p. 16-7 ; *Codex diplom. Ordinis S. Rufi*, ch. xlii, liv et lxxxviii. — Boyer de Sainte-Marthe, *Supplém. à l'Hist. de l'égl. cathédr. de St-Paul-Trois-Chât.*, p. 21-2. — Aubenas, *Notice hist. sur la ville et le canton de Valréas*, p. 28-30. — *Gallia Christiana*, éd. Piolin, t. I, Animadvers., col. viii.

mandeur, eut une église sous le vocable de Saint-Vincent. Ce dernier nom est également porté par un village voisin de Charpey et où
l'on trouve en 1269 des droits et biens à nos Hospitaliers. Dès 1336,
ce village formait une paroisse avec cure à la collation du *commandeur de Saint-Vincent* (1).

Les possessions des Hospitaliers en Dauphiné s'y accrurent sensiblement quand les biens des Templiers leur furent dévolus, et c'est
alors et à ce titre qu'ils devinrent propriétaires de la maison, des
fonds et des droits de ces derniers à Saint-Laurent-en-Royans.

Mais pareille succession ne fut pas sans embarras pour ceux à qui
elle échut, et un acte du 4 juin 1314, qui fut surtout motivé par elle,
nous en est une preuve frappante, particulièrement en ce qui touche
à Saint-Laurent. Le lecteur va en juger.

Quand Foulques de Villaret, grand-maître des Hospitaliers, eut
appris que son Ordre était appelé à recueillir les dépouilles de celui
du Temple, il assembla son conseil pour délibérer sur la manière
la plus convenable d'en prendre possession. On fut d'avis de déléguer
pour cela en Occident frère Albert de Noirchâteau, homme d'une sagesse extraordinaire, et de lui donner quelques adjoints. Par un acte
du 17 octobre 1312, frère Albert fut établi visiteur, inquisiteur, correc-
teur, réformateur, administrateur et économe général de toutes les
maisons situées en deçà de la mer. Il s'agissait là tant des anciennes
maisons et commanderies de l'Ordre de St-Jean que de celles des
Templiers qu'on devait lui remettre. La résistance ne pouvait guère
être opposée par les Templiers eux-mêmes à l'œuvre réformatrice et
organisatrice dont frère Albert avait reçu la direction. Elle allait
plutôt trouver des obstacles chez les princes et les grands, gens tout
disposés à prendre leur part des biens de l'Ordre aboli. En Dauphiné, le dauphin Jean II avait dès 1312 chargé ses officiers de recevoir par toutes ses terres, au lieu des Templiers, les Hospitaliers de
Saint-Jean ; mais nous trouvons ces derniers dans de graves discus-
sions avec le baron de Montauban, Guy Dauphin, frère de Jean II,
au sujet de différents fiefs et possessions. Heureusement, elles furent

---

(1) Arch. de la Drôme, E, 2465, 2494, 2512, 2545 et 2584 ; — VALBONNAIS,
Hist. du Dauphiné, II, 161-2. — VINCENT, *Not. sur Charpey*, p. 6-8. — *Cour-
rier de la Drôme et de l'Ardèche*, 19 août 1863. — UL. CHEVALIER, *Cartul. Hos-
pital. Hieros. S. Pauli prope Rom.*, pp. 30-1 et 53 ; id. *S. Petri de Burgo*, pp.
22-4 ; *Codex diplom. Ordinis S. Rufi*, ch. XLII. — *Bull.* cité, I, 324 ; III, 388 ;
IV, 417-25. — *Bull. du dioc. de Val.*, IV, 1 ; V, 30-7.

assoupies par l'entremise de Raymond de Meuillon, de Hugues du Puy, chevalier, seigneur de Bruis (*Broxii*), et d'Arnaud Arnaud, vicaire général de Viviers. La transaction fut passée entre le baron susdit et frère Hugues Eustache, chevalier de l'Hôpital de Saint-Jean de Jérusalem, commandeur de Cayrane, lieutenant en deçà du Rhône du prieur de Saint-Gilles, spécialement député pour cela par frère Albert de Noirchâteau, commandeur dudit Hôpital et lieutenant du grand maitre de ce dernier en deçà des mers. La procuration donnée à Hugues Eustache par Albert de Noirchâteau le fut à Montpellier, le 23 mai 1314, en suite d'une décision prise dans un Chapitre général tenu dans cette ville le 13 mai 1314 et où assistaient Raymond *de Clargio*, lieutenant du grand maître dans le prieuré de Saint-Gilles, Léonard de Tibertis, prieur de Venise, Philippe de Grane (*de Grana*), prieur de Rome, etc.

Dans cette transaction, il est question d'échanges de fiefs et terres, de libertés concédées aux habitants de divers lieux, de limitations et de rectifications de territoires. En fin de compte, les Hospitaliers placent sous la protection de Guy Dauphin toutes les possessions qu'ils avaient dans les Etats de ce prince. Mais, en reconnaissance de la bonne volonté que ce dernier avait montrée envers les Hospitaliers dans le règlement de leurs difficultés, ces religieux lui abandonnent les revenus de diverses possessions, notamment ceux de leur maison de Saint-Laurent-en-Royans. Donnons en entier l'article de la transaction où il est question de cette maison et de la concession de ses revenus à Guy Dauphin : *De plus, ledit seigneur frère Hugues, de l'autorité et au nom que dessus, aux occasions rappelées, a donné, assigné et commis selon les bonnes coutumes de l'Hôpital audit seigneur Guy Dauphin, savoir : la maison de Saint-Jean de Trièves, qui est et a accoutumé d'être du susdit Hôpital, et la maison de Saint-Laurent-en-Royans, qui fut autrefois de la Milice du Temple, avec tous leurs droits, membres et appartenances, à avoir, tenir et régir par lui ou par un autre tout le temps de sa vie, tant qu'il le fera bien. Il est réglé et convenu que le même seigneur Guy aura et devra supporter toutes les charges tant des pensions que des hébergements, ainsi que celle de tenir des frères et donnés, à quoi les dites maisons sont tenues ; il les pourvoira des choses nécessaires, comme l'Hôpital et le Temple ont accoutumé de faire, conformément aux coutumes approuvées de l'Hôpital. Il devra spécialement payer les dettes dont lesdites maisons pourraient se trouver chargées, et convenir avec les créanciers de ma-*

nière que *l'Hôpital ne puisse souffrir là ou ailleurs aucun dommage.*
L'acte, fait le 14 juin 1314, à Nyons, dans le Marché-Neuf, fut reçu
par Pierre Vincent, notaire de l'évêque de Vaison, et par Bernard
Raffin de Nyons, notaire en la baronnie de Montauban (1).

Pourquoi cette étrange cession, par les Hospitaliers, à Guy Dauphin, de la jouissance, pendant la vie de ce dernier, des revenus de
ces maisons de Saint-Jean de Trièves et de Saint-Laurent-en-Royans ?
La raison qu'on en allègue dans l'acte ci-dessus n'est certainement
pas suffisante pour l'expliquer, ou du moins elle en suppose d'autres. Nous croyons que c'est ici le cas de se rappeler ce que nous
ont rapporté saint Antonin et les historiens de l'Hôpital de Saint-
Jean. Ce ne fut, disent-ils, qu'avec bien du temps et de la peine que
les commissaires de l'Ordre de Saint-Jean vinrent à bout de faire
lâcher prise aux seigneurs laïques et autres détenteurs ou administrateurs séculiers, qui n'oubliaient rien pour tourner en propriété le
dépôt des biens du Temple qu'on leur avait confié. Il fallut, pour
retirer les commanderies des mains de ces sangsues, leur donner de
grosses sommes d'argent ou leur laisser des jouissances viagères.
Pour ce qui regarde la maison de Saint-Laurent, l'observation vient
d'autant plus à propos que Guy Dauphin était seigneur du lieu, comme
on le verra par les détails qui suivent.

Guy Dauphin fit à Causans, le 23 janvier de l'an 1317 pris à l'Incarnation, par conséquent de l'an 1318 selon notre manière actuelle
de compter, un testament par lequel il léguait la baronnie de Montauban et ses autres terres, non à Anne, sa fille unique, femme de

(1) Anno ab Incarnatione Domini... (1314, 4 juin)..... Item dictus dominus fra-
« ter Hugo, auctoritate et nomine supradictis, occasionibus memoratis, dedit, assi-
« gnavit seu comissit secundum bonas consuetudines Hospitalis dicto domino
« Guidoni Dalphini, domos scilicet Sancti Johannis de Trevis, que est et esse con-
« suevit Hospitalis predicti, et domum Sancti Laurencii in Roanis, que fuit condam
« Militie Templi, cum eorum juribus, membris et pertinentiis universis, habendas,
« tenendas et regendas per se vel per alium, toto tempore vite sue, dum bene fe-
« cerit in eisdem. Acto et convento quod idem dominus Guido omnia honera tam
« pentionum quam procurationum quam tenendorum fratrum et donatorum, ad
« quod dicte domus tenentur, habeat et debeat suportare, providendo eisdem in
« necessariis prout Hospitale ac Templum acthenus facere consueverunt juxta
« Hospitalis consuetudines approbatas, et specialiter si qua reperirentur debita
« dicte domus debere solvere debeat et taliter cum creditoribus convenire ne dictum
« Hospitale ibidem vel alibi possit aliquid pati dampnum... Acta fuerunt hec apud Ni-
« honos, in mercato novo... » (Arch. de l'Isère, B, 2704, orig. parch. de 74 lignes.
— Cf. l'analyse inexacte de l'*Invent. des archiv. des Dauphins de 1346,* n° 1233).

Raymond de Baux, prince d'Orange, mais à Humbert, fils puiné du dauphin Jean, son frère. Deux jours après, il mourait, et dès lors il s'agissait de régler les reprises dotales que Béatrix de Baux d'Avellin, veuve de Guy, prétendait faire sur l'héritage de son mari dans les châteaux de Mirabel, Nyons et Châteauneuf ; il s'agissait aussi de régler la jouissance de la haute seigneurie de Vinsobres, dont Guy avait légué l'usufruit à Béatrix. Un autre règlement s'imposait encore ; c'était celui d'Anne, dont le soin avait été laissé par Guy au dauphin Jean et au prince d'Orange, mari d'Anne. Les deux règlements firent l'objet de deux actes du 31 janvier, c'est-à-dire du 6e jour après la mort de Guy. Par le premier, le dauphin abandonne à Béatrix en toute propriété, à l'exception des armes, tous les meubles, joyaux, vases d'or et d'argent existant au moment de la mort de Guy à la *Bâtie de Royans*, à Saint-Nazaire, à Pizançon et dans la *maison de Saint-Laurent*, dans tout le Valentinois ou dans la terre de Royans et dans le Viennois (1) ; il lui accorde de plus 16,000 livres de petits tournois, et une rente annuelle de 18,000 liv. à prendre sur les revenus de Saint-Nazaire, Saint-Lattier, et la haute juridiction sur le château de la Baume-d'Hostun. Par le second, le prince d'Orange et Anne, son épouse, abandonnent au dauphin tous les droits qu'ils peuvent avoir tant du chef du prince même qu'à raison de l'héritage d'Anne vis-à-vis de son père, sur les châteaux, mandements et territoires de Visan, de Mirabel, de Nyons, de Montbrison, etc. ; en retour, le dauphin leur donnera 10,000 livres de petits tournois (y compris les 4,500 livres de la dot d'Anne), dont 4.000 sont payées. Ces deux actes furent faits dans le cloître de Visan.

Dès lors, Saint-Laurent était donc une seigneurie delphinale, et la *Bâtie de Royans*, vieux castel s'élevant sur un monticule à 1,500 mètres au couchant du village de Saint-Laurent, était une propriété delphinale. Au dauphin appartint aussi fort longtemps le moulin dit *de Chabeuil*, situé sur la rivière de Cholet, en la paroisse de Saint-Laurent. Quant à la maison des Hospitaliers en ce lieu, elle rentra sans doute, avec les biens en dépendant, dans la jouissance de ces religieux dès la mort de Guy Dauphin ; mais nul doute qu'ils n'aient été reconnus au dauphin, comme le furent le 7 juin 1326, par le com-

---

(1) « ... Que dominus Guido habebat *apud Bastidam de Royanis* et in loco « Sancti Nazarii, et apud Pisansanum, et *in hospicio Sancti Laurencii*, in toto « Valintinesio vel in terra de Royanis et in Viannesio... » (Arch. de l'Isère, B, 3164).

mandeur de Valence, tous les biens que celui-ci possédait dans
l'étendue du Dauphiné. Toutefois, le 26 mars 1349, le dauphin Humbert II cédait à Henri de Sassenage, seigneur de Pont-en-Royans,
en place et payement de 2,000 florins qu'il lui devait et en augmentation de fief, tous les hommes, cens, revenus, droits, hommages,
prés, bois, forêts, routes, terres, cours d'eau, rivières, fours, mou-
lins, chasses et droits quelconques qu'il avait entre les rivières de la
Lyonne et de la Vernayson. Par suite, nous trouvons plus tard nos
Hospitaliers en rapports féodaux avec les successeurs de Henri de
Sassenage dans la seigneurie du Pont et de Saint-Laurent (1).

En attendant, constatons que la maison des Hospitaliers à Saint-
Laurent se retrouve dans cet *hôpital* et dans cette *maison de la commanderie* que des actes de 1495, de 1503, de 1539 et de 1557 nous
rappellent encore (2). La tradition locale en a perdu le souvenir ;
mais elle était évidemment vers la croisée du vieux chemin de Saint-
Jean à Saint-Laurent et à Pont-en-Royans avec celui de Laval-
Saint-Mémoire au pont de Lyonne ; elle se trouvait ainsi avoisinée
des fonds que les Hospitaliers avaient en propre à Saint-Laurent.

Ces fonds figurent dans un acte du 15 juillet 1468, par lequel
Guillaume Cassard, comme procureur de Jean d'Arlendie, commandeur de Saint-Vincent de Valence, afferme à noble Eymeric, de

---

(1) Arch. de l'Isère, B, 3037, 3041 et 3164. — Barthélemy, *Invent .. des Baux*,
p. 290. — Valbonnais, *Hist. Dauph.*, I, 169, 271-2 ; II, 152-5, 332, 529. —
U. Chevalier, *Invent... des Dauph. en 1346*, n° 59, 1225, 1237, 1273 ; *Itinéraire
des dauphins de la 3ᵉ race.* — Arch. de la Drôme, fonds des Minimes, et id. de la
Chartreuse de Bouvante. — *Bull. de la Soc. archéol. de la Drôme*, IV, 423.

(2) Un acte de 1495 parle de fonds situés « dans la paroisse de Saint-Thomas »,
laquelle s'étendait alors sur la rive droite de la Lyonne et y comprenait les Bournières et les Gachetières, qui ne furent unies à la paroisse de Saint-Laurent qu'en
1782 ; il nous dit que ces fonds étaient « au lieu appelé *en l'Olagneyra*, près du
chemin allant de l'hôpital de Saint-Laurent *(ab hospitali S. Laurencii)* au pont de
la Lyonne. » Un autre acte de 1495 mentionne un fonds situé dans la même paroisse de Saint-Thomas, lieu dit *en la blache des Chays*, « près du chemin allant
de l'hôpital de Saint-Laurent au pont de la Lyonne. » Un troisième acte de 1495
parle d'un fond situé en la même paroisse, lieu dit *en Gargarie*, près du chemin
allant de l'*hôpital* de Saint-Laurent audit pont. Des nombreuses reconnaissances
mentionnant ce chemin et cet *hôpital*, citons encore celle d'une pièce de terre reconnue ladite année et située sur la paroisse de Saint-Jean, près et au couchant
de l'eau de Cholet, à côté d'une autre se mouvant de la directe *de l'hôpital de
Saint-Laurent.* (Arch. de la Drôme, fonds des Minimes, orig. cahier de 50 ff.).

Les actes du XVIᵉ siècle mentionnant *la maison de la commanderie* seront cités
plus loin.

Saint-Laurent-en-Royans, *les fruits des vignes, prés et terres et autres choses situés en lad. paroisse et appartenant audit commandeur*. Aux XVII⁰ et XVIII⁰ siècles, nous trouvons des terres de la *commanderie* situées dans cette plaine longue et étroite qui touche presque à Cholet, entre *les Chaux* et le quartier *de Mey*, et qui porte encore le nom de *la Commanderie*.

Cette maison fut longtemps le siège d'une commanderie particulière ; mais plus longtemps encore elle dépendit de la commanderie de Saint-Vincent de Valence (1). Quant aux droits y attachés, ils comprenaient le patronage de la cure, la dîme de la paroisse, les mortalages et des droits seigneuriaux.

En vertu de ce patronage, le commandeur du Royans *(preceptor de Royanis)*, mentionné dans un rôle de décime papale du diocèse de Die rédigé vers 1375, pouvait, non seulement présenter à l'évêque pour curé de Saint-Laurent un prêtre du diocèse, mais encore nommer à la cure un religieux de son Ordre. Nos documents prouvent que ce dernier système était suivi dès 1400 et plus tard. Aussi, quand vers 1612, messire Claude Arnaud eut été pourvu par le pape même de la cure en question, sans la présentation du commandeur de Valence, dont Saint-Laurent dépendait alors, ce commandeur chercha et paraît être parvenu, indirectement du moins, à l'éloigner du poste. Depuis lors, jusqu'à 1791, tous les curés de Saint-Laurent furent pourvus par les commandeurs. Ceux-ci, faute de religieux de leur Ordre, nommaient à cette cure d'autres prêtres, ordinairement tenus de s'affilier à cet Ordre et même d'en prendre l'habit.

Le premier acte qui montre expressément les commandeurs en possession de la dîme est le bail à ferme du 5 juillet 1468, par lequel le procureur du commandeur afferme à noble Eymeric ses revenus en dîmes et autres de St-Laurent. Le second est une transaction de 1503, qui nous fournit des renseignements considérables sur cette dîme. En voici toute la substance :

Il y avait différend entre vénérable et religieux homme frère Étienne Tenot (2), commandeur de la commanderie de St-Laurent- .

(1) La maison de Saint-Laurent n'a pas dépendu de celle de Saint-Vincent près Charpey, qui elle aussi dépendit longtemps de Saint-Vincent de Valence. Contrairement aux soupçons de M. l'abbé Vincent (*Lettres hist. sur le Royans*, p. 249), Saint-Laurent n'a pas dépendu des Antonins, qui y eurent seulement quelques droits de terrier.

(2) Peu de temps auparavant, Fr. Étienne Tenot était commandeur de Toronne sur Clansayes (BOYER, *Hist... de St-Paul-Trois-Châteaux*, p. 200).

en-Royans *(preceptorem preceptorie S. Laurencii in Roy.)* et prud-
homme Claude Mucellon, syndic et procureur de l'université des
hommes et habitants de lad. paroisse. Le commandeur disait que
les habitants étaient tenus de droit divin et humain à lui payer les
dîmes, tant personnelles que foncières et mixtes, à la cote 10ᵉ, puisqu'il ne constait d'aucune cote et que, par conséquent, il fallait
s'en tenir à la vraie dîme. Claude Mucellon disait au contraire que
les habitants ne devaient pas de dîme, parce qu'ils étaient, et depuis un temps si long que personne ne se souvenait du contraire,
dans l'usage de payer les dîmes *à leur dévotion* et non autrement.
Il est vrai que le payement de la dîme deviendrait obligatoire, si le
prêtre faisant le service paroissial en avait besoin ; mais, disait
Mucellon, tel n'était pas le cas, puisque le commandeur avait de
nombreux revenus dont il pouvait vivre et pourvoir à tout le nécessaire. Donc, les habitants n'étaient pas tenus à payer les dîmes
autrement qu'avant. Enfin, on s'entendit. Le 8 août 1503, ledit
commandeur et ledit Mucellon, syndic, étaient réunis en ladite paroisse de St-Laurent, dans la maison de ladite commanderie *(in
domo predicte preceptorie)*, en présence de Jean Perrochin et Jean
Rambert le jeune, notaires, et des témoins indiqués plus loin. Là,
le commandeur, du conseil et volonté de noble et égrège homme
messire Honorat de Mandoles *(de Mandolis)*, éminent professeur en
droits, frère de vénérable et religieux homme frère Jacques de Mandoles, commandeur de la commanderie de St-Vincent de Valence,
de laquelle dépend ladite commanderie de St-Laurent, et envoyé
spécialement pour l'affaire en question ; et le syndic, de la volonté
de nobles Guillaume Meyarie et Bertrand Bologne, ainsi que de
Michel Mucel dit Pascalier. Pierre Baudouin, Pierre Brun, Reynaud
Lamberton dit Père-Jean, Claude Chuilon, Jean Gachet dit Guyon,
Termon Prachet, Philibert Cheys dit Guyard, de ladite paroisse de
St-Laurent, présents, en leur nom et en celui des autres habitants
de cette paroisse, transigèrent comme suit, par le traité amical dudit
messire Honoré de Mandoles et de noble Jean Bayle, châtelain,
ainsi que de Pierre Sillat, marchand de Pont-en-Royans. Et
d'abord, ils convinrent que lesdits habitants et leurs successeurs
seraient tenus désormais à payer au commandeur et à ses légitimes
successeurs la dîme de tous les grains, comme froment, seigle,
orge, avoine, millet, épeautre, et de tous légumes, à la cote 25ᵉ et
de la manière suivante : Après que le maître du fonds aura pris

24 mesures, y compris le moissonnage, le battage et autres choses qui ont coutume d'être levées, le commandeur ou ses ayants-droit pourront prendre pour dîme la 25ᵉ mesure franche et sans diminution, et cela tant à la plaine de St-Laurent qu'en la montagne de l'Alp *(in monte Alpi)*. Avant de lever et mesurer lesdits grains, les habitants devront avertir le commandeur ou ses domestiques en la maison de lad. commanderie pour la recette de la dîme, et assez à temps pour qu'ils puissent arriver pour cette recette. Au cas où le commandeur ou les siens mettraient du retard à se rendre au lieu nécessaire pour la levée de la dîme, le maître du champ pourrait lever ses blés et les mettre dans le grenier, après avoir mesuré sans fraude blés et grains, pour en rendre compte et faire livraison de la dîme à la cote susdite au commandeur ou à ses ayants-droit, à leur première et simple requête. De plus, ils convinrent que les habitants devraient payer la dîme de tout le vin recueilli dans leurs fonds, sauf celui des vignes des arbres, et cela à la cote 25ᵉ, comme il a été dit des grains; qu'on devrait pareillement avertir, avant de tirer de la cuve, assez tôt pour que les leveurs pussent se rendre; qu'au cas où ils ne le pourraient, on tirerait le vin, et sans fraude, pour en rendre ensuite compte. De plus, ils convinrent que les habitants payeraient la dîme du chanvre *en manouilles*, à la cote susdite et de la même manière qu'il a été dit pour les grains. De plus, ils convinrent que la dîme des agneaux, et des chevreaux des chèvres, et des pourceaux, serait payée à la cote 25ᵉ, comme il a été dit pour les grains, vin et chanvre, et en la manière suivante : des agneaux, chaque année en la fête de l'Invention de la Ste-Croix de mai; des chevreaux de chèvres, au mois d'avril, avant qu'on mène ces animaux à la montagne pour y passer l'été, et cela non des plus gros ni des plus petits, mais des moyens; quant aux pourceaux, pas de dîme pour la première portée, mais pour les suivantes et à la cote 25ᵉ, quand les pourceaux auront 5 semaines et non avant. Au cas où il ne naîtrait pas assez d'agneaux, de chevreaux ou de pourceaux en une année pour parfaire le nombre de 25, les habitants payeraient un patat ou un demi-liard pour chaque animal né. Pas d'autre dîme due au commandeur et à ses successeurs. Chaque partie payera la part des frais faits la concernant. Chacune approuve et confirme tout ce qui est convenu. Chacune jure de l'observer et soumet soi, les siens et ses biens présents et futurs, ainsi que ceux des personnes au nom desquelles elle agit, à la juridiction et aux forces de

2

diverses cours. Chacune fait les renonciations de fait et de droit en ce cas utiles. Fait où que dessus, étant présents frère Jean d'Eurre *(de Hurro)*, camérier du prieuré conventuel de St-Félix de Valence, frère Mathieu Chaléon dit Magniglier, sacriste du prieuré de Pont-en-Royans, messire Pierre de Turon, curé dud. Pont, Étienne Perrochin, dud. lieu, et plusieurs autres (1).

En 1668, « frère François d'Agoult de Seilhon », commandeur de St-Vincent de Valence, recourut au parlement de Grenoble pour en obtenir défense à tous les habitants de St-Laurent « de lever leurs grains, vins, chanvre et autres fruits décimables dessus les champs, sans avoir au préalable adverti led. suppliant et ses rentiers et receveurs par temps suffizant... » Cette *défense* fut octroyée le 1er septembre de lad. année.

Un rapport officiel de 1697 constatait que le commandeur de St-Vincent, décimateur, percevait « la disme audit lieu » de St-Laurent, « à la cotte 25e, du bled, du vin, et de toutes sortes de grains, excepté du bled noir. »

Le 3 avril 1748, « demoiselle Paule Chosson, veuve de sr Jacque Godemard, et demoiselle Izabeau Muret, habitante au Pont-en-Royans, et taillables » à St-Laurent, furent « assignées, à la requête de messe Domenique-Gaspard-Baltazard de Gaillard, chevalier profès de l'ordre de St-Jean de Jérusalem, commandeur » de « St-Vincent-lès-Valence et prieur » de St-Laurent, pardevant le vibailli de St-Marcellin, « en payement de la dixme des légumes tremois, sçavoir des fesves, pois blans, elentilles, vessons et alliers. » Les « demoiselles » se présentèrent, mais l'instance fut suspendue. Celle-ci reprise, « les demoiselles » ne voulurent pas s'engager dans un procès dispendieux, quoique la dîme demandée fût « insolite et une véritable innovation. » Mais bientôt 17 autres intéressés invitèrent le consul de St-Laurent à convoquer une assemblée des trois ordres de la communauté, pour voir si ces derniers voulaient payer « les prétandus dixmes de légumes », ou si la communauté voulait « faire assomption de cause » et résister au « prieur. »

Le 22 septembre suivant, l'assemblée eut lieu, sur la place publique « de St-Laurent, devant Pierre Tézier, capitaine châtelain du marquizat de Pont-en-Royans. » S'y trouvèrent « noble Joseph

(1) U. Chevalier, *Polypt. Dien.*, n. 34-40 et 250; — Arch. de la Drôme, E, 2512 (reg. orig., f. 64), fonds de St-Jean-en-R., de la command. de Valence et de Ste-Croix; — Arch. des Bouches-du-Rh., fonds du gⁿ prieuré de St-Gilles.

Bertrand de Chatronières, faisant pour et au nom de noble Just-Baltazard Bertrand de Chatronières, son père ; s' Maturin Le Bois, faisant pour et au nom de dame Marie-Thérèse de Galle, veve de s' Jaques Glenad ; s' Jacques-Estienne Godemard ; s' André Fauchier », etc. Le consul, Jean Algoud-Biron, leur exposa l'affaire, et l'assemblée décida que le commandeur serait prié de « faire représenter » les titres et transactions allégués, pour la dime des légumes en question, et, en attendant, de surseoir au « procès contre lesd. damoiselles. »

Quelques mois plus tard, le commandeur faisait assigner devant le vibailli de St-Marcellin, Étienne Chuilon, de St-Laurent, et Batet, granger de la veuve Godemard, en payement « de la dime des faive, alies, pesette, lantillie, pois et autre menu légume. » Chuilon et Batet firent convoquer par André Fauchier, consul, une assemblée des trois ordres, pour savoir si la communauté voulait payer la dime réclamée ou faire débouter le commandeur. On y convoqua le fermier du commandeur, pour savoir de lui sur quels titres était appuyée la prétention à la dime « des menus grains. » L'assemblée eut lieu le 25 janvier 1750, et le fermier basa le droit à cette dime sur la transaction de 1503, sur la déclaration faite par la communauté elle-même en 1697 et sur la pratique suivie depuis. Les assistants décidèrent que, « la dime des menus grains n'ayant jamais été payée » à St-Laurent, ils faisaient « assomption de cause pour » Chuilon et « Batet, pour faire debouter » le commandeur. Ils députèrent avec pleins pouvoirs pour mener l'affaire, Alexandre Faure, forain, Pierre Gachet et Claude Fontaine, du lieu.

Il y eut ensuite, devant le bailliage de St-Marcellin, des procédures continuées depuis février jusqu'en avril suivant, mais dont nous ignorons la solution (1).

Les mortalages (mortalogia) étaient des droits sur les morts, droits perçus par le commandeur dès 1468, année où ils figurent parmi les revenus de St-Laurent affermés à Eymeric par le procureur du commandeur. Ils consistaient certainement dans le droit de dépouille sur les ecclésiastiques desservant l'église et la paroisse, peut-être aussi dans les legs des défunts à l'église ; car les mortalages consistant en droits sur les biens des vassaux morts sans testament ne pouvaient revenir qu'aux Sassenage, seigneurs juri-

(1) Arch. de la Drôme, fonds de la command. de Valence.

dictionnels de St-Laurent, et les droits d'obsèques, de funérailles et de nécrologe revenaient directement au curé.

Quant aux droits seigneuriaux des Hospitaliers à St-Laurent, la première trace s'en trouve dans le même bail à ferme de 1468. En effet, parmi les revenus alors affermés de noble Guillaume Cassard, commandeur de Saint-Vincent des Olarges *(de Olargiis)*, diocèse de Narbonne, et procureur de noble homme, frère Jean d'Arlendie *(de Arlendia)*, commandeur de St-Vincent de Valence, par noble Eymeric, de St-Laurent, figuraient des cens, des redevances *(canonés)*, et des lods *(ludantagia)*. L'acte explique bien que ce sont là, avec les autres revenus affermés, *les droits que le commandeur perçoit, à raison de sa commanderie, dans les église, lieu et paroisse de St-Laurent, et qui lui appartiennent dans cette paroisse* (1). Recueillons sur ces droits quelques détails fournis par des documents plus récents.

En 1495, un fonds, sur St-Jean et près de Cholet, se mouvait de la directe de l'Hôpital. En 1523, par acte reçu Jean la Meyerie, notᵉ, des frères Gachet vendirent à Brunet un jardin sis « au bourg de St-Laurens », et faisant « cinq deniers, obol et le tiers d'une gelline » de cense annuelle au commandeur, d'après des reconnaissances reçues par « Jan Boloigne » et par Jan de La Meyerie, notᵉˢ ». Au xviiᵉ siècle, les archives des Hospitaliers à Arles contenaient un « terrier de recognoissances des droictz seigneuriaux deubz » au commandeur « à St-Laurens de Royans et lieux circonvoisins, receu par Mᵉ La Meyerie, notᵉ, de l'an 1539. » Il formait « un livre de grand volume, d'environ trois doidz d'epesseur, couvert de vieux carton sans attaches ». Un acte, extrait de ce terrier, nous montre noble Charles Bologne reconnaissant, le 1ᵉʳ février 1539, tenir du commandeur une vigne à St-Laurent, *ez Fontanilz*, sous 7 deniers de cense, avec le droit accoutumé. Par un autre, fait le 19 du même mois, en ladite paroisse, dans la maison de la commanderie dud. St-Laurent, en la chambre de cette maison du côté du couchant, Jacques Prahet dit Garel, dudit lieu, reconnaît tenir en emphytéose perpétuelle, avec droit de lods et d'investiture, du domaine direct de lad. commanderie, divers biens y énumérés. Parmi ceux-ci figure la moitié d'un tènement de maison, curtil, pré et vigne, situé en lad. paroisse, quartier dit *en Revolz et vers Garel*, et confrontant la vigne des héritiers de Talmon Prahet du Vent, le courtil du seigneur de Pont-en-Royans du couchant, le chemin

(1) Arch. de la Drôme, E, 2512, protocole de Jante, reg. f. 64.

allant de St-Laurent à la maison de la Bâtie dud. seigneur de Pont-
en-Royans du levant, de bise et du couchant. Ce premier article
était reconnu, pour lad. moitié, sous le cens de la moitié d'une poule
et de 2 sous et 1 obole de bonne monnaie de cens, avec le plait
accoutumé. Le notaire recevant, La Meyerie, était assisté de vénérable frère Antoine André, agissant pour magnifique et illustre
homme frère Jean Boniface, chevalier de l'ordre de St-Jean de Jérusalem, commandeur de Valence et dud. St-Laurent (1).

Des autres actes de ce genre que nous connaissons pour le XVIᵉ
siècle, l'un parle d'une maison « au bourg de Sainct Laurens », de
la directe du commandeur, les autres contiennent des reconnaissances ou accensements de fonds. Le dernier en date, avant les
guerres du XVIᵉ siècle, est un réaccensement du 11 août 1557, passé
à Guillaume et Jacques Brunel, par « frère Lucian de Cays, commandeur de Valence et des dépendances, » d'un jardin (à eux saisi),
dans « le bourg de St-Laurens », sous « la cense perpétuelle, directe et seigneurie de 8 sols tournois et le tiers d'une gelline. »
L'acte fut fait « en la maison de lad. commanderie St-Vincent les
Valence, en la grande salle haulte. »

Après les guerres de religion, les commandeurs firent renouveler
leur terrier. Le travail, fait par Brenier en 1594, le fut encore par
Brenier et Girin, notaires, de 1620 à 1621. Le terrier fini en 1621
contenait 288 feuillets et demi écrits « en grand volume », outre son

(1) « Anno Dominice Nativitat. millᵒ quingentᵒ tricesᵉ nono et die decima nona
« mens. febr., apud parrochiam S. Lauren., in domo preceptorie S. Lauren., in
« camera ejusd. domus a parte occiden., ... Jacobus Praheti allias Garel S.
« Lauren., Dyen. dioc. .. recognovit se tenere.... in emphiteos. perpet., una
« cum jure laudandi et investiendi, de dominio directo predicte preceptorie S.
« Lauren. seu Hospitalis, meique notarii predicti, una mecum vener. viro fr. Anthᵒ
« Andree presen., stipulan. et recipien.... ad opus mag. et inclitis viri fr. Johan-
« nis Bonifacii, militis ordinis S. Joh. Jheros., preceptoris Valen. et dicti loci S.
« Lauren. dicti ordinis.... Et primo medietatem cujusd. tenementi domus, curtilis,
« prati et vinee (quoniam aliam medietatem tenent Marion. Praheti allias Garel et
« heredes Talmoni Praheti), siti in parrochia S. Lauren., loco dicto *en Revolȝ* et
« *versus Garel*, continens in toto pro sua parte circa duas sastariatas terre con-
« front. juxta vineam hered. Talmoni Praheti alias Garel de presenti tenemento
« diviso ex vento, et juxta curtile magnifici domⁱ Pontis in Royanis ex occid., et
« juxta iter tenden. de S. Lauren. ad domum Bastide prefati magn. domⁱ Pontis
« in Roy. ex orient., borea et occid., sub censu ad suam partem in claro, facta
« divisione cum suis pareriis, dimydie galline et duorum solidor. cum uno obolo
« bone monete census cum placito consueto. Et me notᵒ Meyaria. » (Arch. de la
Dr., fonds de la command. de St-Vincent., cop. pap. authent. du XVIIᵉ s.).

répertoire rédigé « par alphabet du surnom » ; il était relié et « couvert de bazane verte » ; il fermait « avec ses attaches ». Pareil volume prouve l'importance des « cences et droictz seigneuriaux deubz à lad. commanderie » dans led. « membre de St-Laurans et lieüx circonvoisins », aux reconnaissances desquels il était exclusivement consacré.

Mais les commandeurs avaient parfois peine à obtenir les reconnaissances de certains personnages. « Pierre de Ruynac, commandeur de St-Vincent » et ses dépendances, dut recourir au parlement de Grenoble pour obtenir de noble Pierre de Vienne, « sieur de Brunières », que celui-ci lui fît reconnaissance de directe seigneurie pour divers fonds à St-Laurent. Ce gentilhomme, qui habitait « Sesins », s'exécuta enfin le 20 décembre 1621. En 1636, Jean Bertrand de Luppé-Guarrane, commandeur, adressait requête au parlement pour obtenir que messire Gaspard de Sassenage, marquis de Pont-en-Royans, fût obligé à lui passer nouvelle reconnaissance et à lui « payer censes et arrérages d'icelles » pour des fonds situés à St-Laurent, près du « chemin tendant de La Meyrie à la maison forte dud. seigneur marquis appellée La Bastie ». Il s'agissait de fonds reconnus au commandeur en 1539 par Prahet et Allier et passés depuis aux mains des Sassenage.

A « Jean Bertrand de Luppé-Guarane », encore commandeur en 1644, succéda François d'Agoult de Seillon, qui obtint du parlement des lettres du 9 août 1659 portant commission à un notaire de « faire commandement aux emphytéotes et autres qu'il » appartiendrait, de reconnaître les « cences, rantes, pensions, droictz, debvoirs seigneuriaux et autres revenus annuels se mouvant du fiefz et dirette » dud. commandeur. Par suite, Paul Macaire, notaire, fit reconnaître les années suivantes les droits en question. Il commença par le « chappitre de St-Jean en Rouyans ». De 1660 à 1662, douze tenanciers y reconnurent au commandeur des biens situés *en Jouard, en Chanlong, en Las Pérousas,* aux *Massères,* au *Pont du Cros,* au *Tallier,* « *en Laval-St-Mémoyre, au lieu appelé en La Fornache,* » aux *Chaux,* au *Devé, en La Bonneterra, en Fruchet,* etc., tous quartiers de la paroisse de St-Jean. Puis vient le « chappittre de St-Laurens en Rouyans ». De 1662 à 1665, des tenanciers, au nombre de 122, y reconnaissent des biens situés « *en La Cholelhiera, ver Caillat, en La Mèrie,* au *bourg dud.* St-Laurens, *en La Baulme,* aux *Chaux,* aux *Serts, en Girardères, en Chan Buyet ou au Bourroulz,* » en *Buyet*, aux *Hors*, « en *Bouchet* dessus *Metz*, » *vers Pelliet*, au *Fontanil*, *en La Servelliéra*, au *Tracol*, à *La Mucellière*, aux *Grellies*, « à la parroice de St-Mémoyre, lieu dict au pré Laurent ou de La Font*, » etc. Tous ces quartiers étaient de la paroisse ou du moins de la communauté civile de St-Laurent, au bourg duquel se trouvait « la place de St-Laurent appelé Le Dansoir. » Les pensions servies sont en sols, deniers, oboles, *gellines* et parties de *gelline*, froment, avoine, et généralement « avec le plaist accoustumé. »

Ces reconnaissances mentionnent la vigne des héritiers Pays « que fust de noble Claude La Meyrie » ; le « grand chemin tendant du pont de Lionne à Laval-St-Mémoyre » ; les « biens cy-devant reconnus au proffict de lad. commanderie, par damoïselle Jeanne Gaultière, vefve de feu noble Téode La Meyrie », le 31 décembre 1594 ; la « terre de la commanderie » située vers *La Gerardères* ; « des biens acencés au proffict de lad. commanderie par frère Lucian de Caïs, jadis commandeur », le 11 août 1557 ; des biens situés « à la paroisse de St-Thomas, lieu dict en La Blamoyre », et reconnus au commandeur par Jean Gachetz Mathias, « de *La Gachetière*, paroisse de St-Thomas » ; d'autres, situés au *Vernet*, paroisse « de St-Thomas de Borne », et reconnus de même ; enfin, d'autres, situés *en Las Lattarias*, paroisse de Ste-Eulalie, pareillement reconnus.

Après les reconnaissances de 1660 à 1665, dont la réunion forme un terrier de 287 feuillets écrits, suivis de 7 en blanc à la fin, nous nous contenterons de signaler fort sommairement deux autres recueils postérieurs du même genre. L'un, relié en basane, comprend 134 feuillets écrits contenant les reconnaissances faites devant Corteys, en 1718 et 19, à « Messire Octave de Galian, chevalier », commandeur de Valence et ses dépendances, par ses tenanciers de St-Laurent et du voisinage ; il porte au dos, gravés avec dorure, ces mots : *Terrier de St-Laurans. 1718.* L'autre, registre de 20 et quelques cahiers non reliés, contient les reconnaissances reçues par Charvin not° et faites en 1780 à « frère Dominique-Gaspard-Balthazard Bailly de Gaillard, chevalier grand-croix de l'ordre de St-Jean de Jérusalem, commandeur des commanderies de Valence et de Capete », pour tous les biens en relevant à St-Laurent, St-Jean, Laval et Ste-Eulalie.

Ces biens et droits produisaient à nos commandeurs un revenu annuel assez important. Ainsi, quand, en 1468, le procureur du commandeur donna à ferme à noble Eymeric, de St-Laurent, tous les émoluments et droits des Hospitaliers en ce dernier lieu, le prix de ferme, fut porté à 50 florins par an, et Eymeric devait payer les cens dus au seigneur de Sassenage à raison des fonds du commandeur à St-Laurent, et la pension du curé, tailler, piocher et lier la vigne, l'entretenir, etc. (1). En 1658, « les revenus du bénéfice » consistaient dans « les dîmes, un terrier et plusieurs fonds, valant annuellement environ 400 livres ». Enfin, les revenus de la dîmerie de Saint-Laurent montaient à 950 livres en 1759. Ils étaient au même chiffre en 1764, année où les deux fermiers du commandeur, Pierre Bodouin et Pierre Armand, portaient seulement en sus à Valence « des gelinottes », dont le procureur général du commandeur faisait mention (2).

Sur cela, le commandeur devait satisfaire aux charges, qui ont varié selon le temps. Elles furent d'abord considérables, si on a réellement pratiqué à St-Laurent ces hébergements qui étaient dans les usages essentiels des Hospitaliers, et tenu des frères et donnés, comme porte la transaction du 14 juin 1314. Tout cela, uni aux pensions déjà mentionnées dans cet acte, aurait absorbé amplement les revenus du bénéfice. Mais la maison hospitalière était en un lieu et sur un passage peu fréquentés par les voyageurs, surtout par les pèlerins. Nous pensons qu'elle n'eut jamais à ce point de vue qu'une importance fort médiocre. L'annexion du bénéfice à la commanderie de Valence, antérieurement à 1465, dit assez qu'il n'y avait plus alors à St-Laurent aucune communauté de frères ni de donnés, aucun hôpital en activité de service. L'absence de cotisation de ce bénéfice dans le pouillé de décime papale du XIVe siècle et dans d'autres rôles de décimes du XVIe, ainsi que divers documents du XVIIe, nous montrent nos Hospitaliers exempts, par privilège, des décimes papales et royales. A raison des charges considérables qu'ils assumaient pour le soin des pauvres en général et pour la défense de la chrétienté, les papes et les rois les avaient même exemptés du prélèvement sur leurs dîmes de la part due généralement par les bénéficiers aux pauvres de leurs paroisses respectives. Mais le commandeur devait sa part d'entretien de l'église du lieu. Ainsi, en 1613, le vicaire général de Die, en visite canonique à St-

(1) Arch. de la Dr., fonds de la command. de Valence, id. des Minimes ; — Arch. de la mairie de St-Laurent, parcellaires. — Archiv. de la Dr., E, 2512.
(2) Arch. de la Dr., fonds de St-Laurent et *visites* de Die ; — Divers titres en nos cartons.

Laurent, ayant trouvé « quelques fenêtres du cœur à fermer »,
exhortait « le sieur commandeur dud. St-Laurent de les faire fermer
le plus promptement possible. En 1658, ce commandeur recevait
de l'évêque l'ordre de fournir, dans le délai d'un mois, trois nappes
pour l'autel. Il devait aussi le luminaire, montant en 1764 à la
somme annuelle de 12 livres.

Les habitants devaient l'autre part d'entretien de l'église et de
son mobilier. C'est-à-dire que chacun devait une part, déterminée
d'après la nature et l'usage des objets ; le commandeur devait celle
qui intéressait plus directement le culte et l'utilité du clergé, le
peuple celle qui l'intéressait plus directement lui-même. Ainsi, le
commandeur était chargé du chœur et des ornements ; le peuple, de
la nef de l'église, du dais et des fanaux pour accompagner le Saint-
Sacrement chez les malades. Par suite, on se rappelait quelquefois
mutuellement les devoirs à ce sujet, quand la négligence apparais-
sait de quelque côté. Nous avons un acte extrajudiciaire du 1ᵉʳ janvier 1760, signifié de la part du commandeur à la communauté le
16 février suivant, pour qu'elle eût 1° à fournir à l'église ces objets
lui incombant, savoir : un dais en soie, une croix processionnelle,
deux « fanaux pour accompagner le St-Sacrement et le viatique aux
malades, une nape pour la communion » ; 2° à « rendre le pavé de
l'église égal, réparer le bois du couvert, réparer le jambage de la
petite porte de l'église du cotté de l'épître, faire vitrer ou du moins
garnir de chassis la fenêtre de la chapele du Rozaire et celle du St-
Esprit, l'une du cotté de l'épître et l'autre de celluy de l'évangile » ;
3° à « faire refaire, de même grandeur qu'il est actuellement, le tableau de la chapelle du St-Esprit, faire réparer solidement partout
où besoin est les murs du cimetière, et 4° « enfin » à « faire mettre
un croissant doré à l'ostensoir de la chapelle des Pénitents. Le 12
mars 1760, dans une assemblée des trois ordres de St-Laurent,
charge et pouvoir furent donnés à Pierre Bodoin de faire faire le
mieux possible les fournitures et réparation requises par l'acte.

Le commandeur devait aussi, et avant tout, pourvoir au service
divin et par conséquent assurer l'entretien des prêtres chargés de ce
service. En 1468, nous l'avons vu, il chargeait son fermier de St-
Laurent de *payer la pension du sieur curé de ce lieu, telle que lui-
même avait coutume de la lui faire tous les ans.* Cette pension ou
portion congrue était de 55 écus en 1658, de 160 livres en 1687 et
en 1704, de 175 liv. en 1759, et de 200 en 1764. Quand un vicaire

fut établi au xvIII° siècle, il reçut aussi du commandeur une pension annuelle. Celle-ci était de 150 livres en 1764 (1).

On sait que la Révolution enleva terres, droits et charges.

III. — ÉGLISE PAROISSIALE ET CURÉS.

On peut admettre que les Chapeverse qui possédaient avant 1086 les églises de St-Laurent et de Ste-Eulalie restreignaient le plus possible les dépenses que leur imposait le service divin. Voilà probablement pourquoi ces deux églises étaient confiées à un seul et même prêtre, au seul Didier. Cependant il faut bien que St-Laurent n'ait pas eu alors une grande importance.

Mais, une fois possédée par le Chapitre de St-Barnard, cette paroisse dut s'améliorer et prendre une importance favorisée par la proximité du château ou maison forte de la Bâtie, puis par celle de la *maison de St-Laurent*, et par les quelques nobles que ces maisons attiraient. Il paraît que l'église fut reconstruite vers ces temps, car les parties les plus anciennes du monument actuel accusent le XII° siècle. On y remarque surtout l'épaisseur considérable des murs et les pierres carrées de moyen appareil, grossièrement taillées, qui forment encore le revêtement extérieur, et peut-être le massif, d'une partie du mur septentrional. Quant au service divin, il dut être fait par un curé séculier, nommé et entretenu par le Chapitre bénéficier, car celui-ci n'envoyait pas de ses membres au loin (2).

Les Templiers installés à St-Laurent, s'ils eurent le bénéfice ecclésiastique du lieu, laissèrent probablement le service paroissial aux soins d'un curé séculier.

Il paraît, au contraire, que les Hospitaliers de St-Jean de Jérusalem, une fois en possession du bénéfice de St-Laurent, confièrent à un religieux prêtre de leur ordre le service divin et le soin spirituel du lieu, qualifié paroisse dans un acte de 1310. Le curé de St-Laurent *(capellanus Sancti Laurencii in Royanis)* est rangé parmi ceux de l'archiprêtré de Crest qui vers 1375 étaient exempts de l'impôt de la décime papale, à cause de l'exiguïté de leur revenu ou pour toute autre raison. Sans doute, pour le cas présent, la cause était

(1) Arch. cit., *visites* et pouillés de Die, fonds de la command. de Valence; — U. CHEVALIER, *Polypt. Diens.*, n° 37.

(2) BOISSIEU, *De l'usage des fiefs* (Grenoble, 1668), pp. 126 et 130-2 ; — *Bullet.* cit., III, 18.

dans les privilèges de nos Hospitaliers, qui bien certainement des-
servaient eux-mêmes la paroisse à la fin du XIVe siècle, car le 15 mai
1400, *honnête et religieux homme frère Pierre Gautier, de l'ordre de
St-Jean de Jérusalem et curé de l'église de St-Laurent-en-Royans*,
fut arbitre pour le curé de St-Jean, dans un différend de celui-ci avec
nobles Talmet et Boniface Garench, de St-Thomas.

Les rôles de procuration du diocèse de Die des années 1415 et
1419 cotisent notre curé 3 florins par an, tandis que celui de St-
Jean l'était 4 florins, et celui de Ste-Eulalie 30 gros soit 2 florins et
demi. Mais ils n'oublient pas de dire que notre cure était à l'Ordre
susdit. Plus tard, le curé se disait exempt même du droit de procuration ou visite. Le rôle des années 1449 et 1451 le cotise encore
3 florins ; mais le compte rendu par Guillaume Pierre, receveur de
ce droit pour ces deux années, porte ces mots significatifs : « De
« plus, le receveur demande qu'il soit déduit, pour le curé de St-
« Laurent-en-Royans, 4 florins sur les 6 desdites 2 années, car ledit
« sieur curé a dit qu'il était exempt, et il les a mis en cause devant
« vénérable homme monsieur le doyen, juge et sousconservateur
« des privilèges, comme il conste par les actes de la cause, de la-
« quelle Mathieu Pierre est notaire. » Nous ne savons pas si cette
exemption fut enfin reconnue. Les mots suivants, écrits en marge :
« A mettre au rang des arrérages, malgré le litige », ne tranchèrent
pas définitivement la chose. En tout cas, nous voyons, par un acte
du 8 août 1483, que frère Pierre Poncier était alors curé de St-
Laurent, et la cure ne figure pas au rôle des décimes du diocèse de
1516 et de 1570 (1).

Après ces détails sur l'église et les curés de St-Laurent, nous
sommes réduit pour un espace de temps fort long à une absence
complète de renseignements. Ce temps comprend celui des guerres
civiles et religieuses du XVIe siècle, qui valurent certainement à St-
Laurent sa part de ruines et d'angoisses. Les nombreux actes de
carnage dont St-Jean et surtout Pont-en-Royans furent le théâtre,
l'incendie de l'église de Ste-Eulalie sur la fin de 1565, les ruines de
la maison curiale de ce dernier lieu « bruslée par les huguenots », la
complaisance regrettable avec laquelle le protestantisme jeta son
dévolu sur le Royans, tout cela ne dit, hélas ! que trop ce que

(1) Ul. CHEVALIER. *Polypt. Diens.*, n. 250 ; — Arch. de la Dr., fonds des
Chartr. de Bouvante, de St-Jean-en-R. et de Ste-Croix, et pouillés de Die.

l'église et le village, de St-Laurent durent de leur côté subir de pillage et d'aveugle fureur. La maison de la commanderie disparaissait
dès la seconde moitié du XVIᵉ siècle. Le château de la Bâtie était,
en 1586, entre les mains des Béranger, comme le fait supposer une
lettre qu'en écrivit alors leur régisseur, Simon Thomas, au prieur du
Val-Sainte-Marie ; mais ce que Thomas dit à ce prieur de la triste
position que la peste et la guerre faisaient aux habitants du Royans,
contriste et serre le cœur. Au surplus, certaines parties des murs de
l'église de Saint-Laurent sont construites en pierres carrées de
moyen appareil mélangées d'autres de caractères plus récents. Ces
parties, qui comprennent plus de la moitié de la façade méridionale
et sont subitement et irrégulièrement superposées aux restes de la
construction primitive dans la façade septentrionale, portent les apparences d'une restauration faite vers la fin du xviᵉ siècle. Elles supposent une ruine presque complète de l'église pendant les guerres (1).

Relevée de ses ruines, cette église fut peu à peu munie des choses
nécessaires à l'intérieur. En 1613, le vicaire général de Die constatait qu'elle était « en bon estat, ensemble les autels, fonts baptismales, tabernacle, ciboire, croix, calice, livres, habits et autres
ornements. » Cependant il dut prescrire de fermer des fenêtres du
chœur, de « faire fermer le cimetière joignant » l'église, de fournir
l'huile pour la lampe du St-Sacrement *reposant ordinairement* dans
cette église, et un surplis à messire Claude Arnaud *de St-Pardou*,
bachelier en théologie, curé du lieu, pour l'administration des Sacrements. Arnaud était encore au poste en 1619.

Le grand bénitier en pierre servant dans l'église, vers la porte
principale, date de 1621.

Messire Anne Peleti, curé du lieu en 1634, 1640 et 1653, tirait de
sa cure un revenu annuel de 40 écus francs et possédait de cette
cure un pré et une terre joints ensemble et arrentés 16 livres. Il tenait
des registres de baptême, aujourd'hui perdus. Après lui, arriva Gaspard Violier, prêtre du diocèse de Fréjus, âgé de 29 ans, et dont les
registres conservés vont de 1653 à avril 1703.

Ce dernier trouva le mobilier en pauvre état. Une visite épiscopale de 1658, après avoir constaté qu'il était alors curé titulaire du
lieu, et que le sanctuaire était voûté, planchéié et blanchi, ne men-

<hr />

(1) *Mémoires d'Eustache Piémont*, passim ; — CHORIER. *Hist. gén. du Dauph.*,
II, 602-3 ; — Arch. de la Drôme, fonds de Ste-Eulalie ; — VINCENT, *Lettres* cit.,
p. 245-6 ; — FILLET, *Hist. relig. de Pont-en-R.*, p. 34-59.

tionne que « un autel en estat garni de 3 napes fort usées, une chasuble verte, une rouge, une bleue de filousele avec les estolles et manipulles, aulbe assez grossiere, pierre sacrée, 1 canon, 1 calice argent, 2 chandeliers et burettes estain, une croix letton », 1 missel, 1 rétable, 1 tabernacle en bois, sans pavillon, contenant un ciboire d'étain où reposait « le St-Sacrement, sans lampe ni luminaire ». La nef n'était ni pavée ni voûtée ; les « cremières » et les fonts baptismaux ne fermaient pas à clef ; le cimetière était « ouvert » ; la maison curiale, occupée par le curé, et « joignant led. cimetière », était en état. Le prélat prescrivit au commandeur de fournir 3 nappes pour l'autel ; et aux habitants de faire clore le cimetière, voûter et paver l'église, et fermer les fonts à clef, d'acheter un ciboire d'argent ou du moins ayant la coupe d'argent, pour garder le St-Sacrement, et de fournir lampe et huile pour brûler nuit et jour devant le tabernacle. La population catholique était de 440 communiants. Il n'y avait que deux familles protestantes sans exercices et enterrant à part. On voit que, le culte réformé n'ayant pas été autorisé à St-Laurent par les exécuteurs de l'édit de Nantes, les protestants du lieu, rattachés à l'église de Pont-en-Royans, n'avaient fait que disparaître.

Nommé curé de St-Vincent, près Charpey, le 19 février 1671, Violier en fut mis en possession le 22 du même mois, mais s'en démit trois mois après, pour revenir à St-Laurent. Il était alors bachelier en théologie.

Prêtre de mérite, il profitait de tout pour procurer le bien de son peuple. Qu'on en juge par ce récit fait de sa main dans les registres de St-Laurent :

« On notera ici que depuis l'année 1675 jusques à l'année 1678, se seront égarés quelques baptistères et autres registres, attendu que les ouvriers des Martinets firent faire des informations contre quelques habitants de ma paroisse, et moi, pour servir mes paroissiens (en justice), je feus quasi toujours absent pendant ledit temps, et par insi ceux qui servaient en mon absence n'étaient pas fort curieux de prendre les mémoires. On remarquera que, pour le succès desdites informations, on fit publier et fulminer un monitoire qui ne contenait que des faussetés ; aussi il advint des cas remarquables : car deux Pères qui le publièrent moururent à la fin de l'année, après être devenus secs comme du bois ; celui qui avait esté la cause desdites informations fut trouvé mort la tête enfoncée, vers *Met*, dans

ladite année; au premier coup de cloche qu'on sonna à la fulmination, elle se fendit par le milieu. Il faut noter que les Pères qui
moururent sçavaient que tout ledit monitoire ne contenait que
faussetés et mensonges. Il faut remarquer encore qu'on ne sut jamais
comment celui qui fut trouvé mort fut tué. Celui qui reçut les informations estoit un homme de St-Marcellin, de 25 à 30 ans, fort
robuste; pour avoir un peu trop écrit, il mourut y et hique pendant
l'année, et lui-même publia que ces procédures lui causaient la
mort. J'ai écrit cette mémoire afin que ceux qui la liront sçachent
qu'il ne se fait pas toujours des censures ecclésiastiques. Il arriva
plusieurs autres choses remarquables que je passe sous silence. »

Le zèle persévérant de M. Violier fut récompensé par la joie de
voir, la révocation de l'édit de Nantes en 1685 aidant, presque toute
sa paroisse parfaitement catholique et en bon état. Le 15 octobre
1685, il certifiait qu'à St-Laurent « tous les calvinistes » avaient
« fait abjuration, à la réserve du nommé sieur Jean Pourroy, dit
Brenière, qu'il s'y estoit habitué depuis fort peu de temps dans un
sien domaine. » Un *Etat de la paroisse*, rédigé le 12 janvier 1688,
nous apprend qu'en 1685 il y avait « quatre familles de religionai-
naires, lesquelles étoint composées de 15 personnes en tout » ; que,
depuis 1685 jusqu'au 31 décembre 1687, 3 personnes seulement sur
ces 15 avaient « déserté. »

A cette dernière date, il y avait à St-Laurent 250 ménages catholiques, dont les 4 de nouveaux convertis. La maison curiale était en
mauvais état, mais le cimetière était clos. Les confréries des Pénitents blancs et du St-Rosaire développaient la piété. L'église,
« assez grande et mal tablée », possédait un tabernacle doré, un
ciboire et un soleil d'argent, quatre bons chandeliers, un calice et
sa patène, 4 chasubles, 2 aubes et 4 lampes.

Gaspard Violier, épuisé par l'âge et les travaux, chargeait, le 14
octobre 1702, son neveu Antoine Violier, *marchand* à St-Laurent, de
résigner sa cure entre les mains « de Jean-Baptiste de Galliant-
Châteauneuf, commandeur de St-Vincent-lès-Valence et prieur »
dud. St-Laurent. Le 6 novembre suivant, Antoine Violier faisait la
résignation, et le commandeur pourvoyait de cette cure Jean-Pierre
Garcin, qui ne devint cependant pas curé de St-Laurent. Le 26 mars
1703, Marcellin Chabalet, notaire à Valence, procureur de Jean-
Baptiste de Galéan, commandeur, pourvoyait de la même cure
« Charles Vallenson, originaire de la ville de Montfaucon, diocèse

du Puy, à présent curé de la paroisse de Chastellus, en Royans », qui remplaçait en effet M. Violier dès avril suivant. M. Violier mourut à St-Laurent, après 18 mois de repos, le 7 octobre 1704, à l'âge de 80 ans 7 mois, et fut enterré le lendemain dans l'église du même lieu (1).

M. Vallenson, qui avait trouvé la paroisse en fort bon état, sans aucun « pécheur public et scandaleux », et une population d'environ 530 paroissiens, constatait en 1706 que sur ce nombre il y avait environ 520 anciens catholiques et 11 nouveaux convertis. L'église contenait les trois chapelles « de dévotion du St-Rosaire, du St-Esprit et de St-Antoine. » Il n'y avait pas de vicaire, mais il y en aurait eu « besoin, la paroisse étant très écartée et ayant 530 communiants. »

Le 19 avril 1713, Vallenson, alors âgé de 52 ans, reçut de la part du commandeur Jean-Baptiste de Galéan l'intimation d'avoir à « se présenter au premier chapitre général qui se » tiendrait « à St-Jean d'Arles le premier dimanche » de mai de ladite année, « pour demander et prendre l'habit d'obédience » de l'ordre de Malte. Il mourut à St-Laurent, et y fut enterré, le 12 janvier 1725, à la porte de l'église.

Il fut remplacé par Jean-Pierre Repaire, du diocèse de Nice et curé de St-Vincent, près Charpey, depuis mai 1708. Celui-ci s'était démis de sa cure de St-Vincent le 20 mars 1725, après avoir été pourvu de celle de St-Laurent le 19 février précédent, par Guy Tessier, prieur « de Fiansayes », procureur du commandeur Octave de Galéan.

Il ne fit que passer à St-Laurent. Avant de quitter cette paroisse, il inséra cette note dans les registres de catholicité : « Monsieur le « Curé qui viendra après moi soussigné, à St-Laurent, est averti « que le petit fond de la cure qui est entre le bourg et l'hameau de « Buyet a été laissé au sieur curé du lieu par Jeanne Lamberton, à « la charge qu'il dirait annuellement six messes basses pour le repos « de son âme. A St-Laurent, ce 28 novembre 1726. REPAIRE, « curé de St-Laurent. »

On le voit ensuite prieur-curé de Fiansayes de 1726 au 25 mars 1738.

(1) Arch. de la Dr., *Visites* cit., fonds de la command. de Val., fonds de St-Laurent, id. de St-Julien-en-V. ; — Mairie de St-Laurent, *Regist. de cathol.* ; — *Bullet.* cit., VIII, 388 ; — LACROIX, *Invent.* cit., C, 926 ; — *Bullet. d'hist... du dioc. de Valence*, IV, 6-7.

Dès décembre 1726, fut curé Jean-Baptiste Chosson, du diocèse de Grenoble, pourvu par le commandeur Octave de Galéan. Il fit donner une Mission dans la paroisse, en 1732, par le célèbre Père Vigne, fondateur de la congrégation des religieuses du St-Sacrement, et mourut à environ 33 ans. Il fut enterré dans son église, le 20 août 1734 (1).

Luc-Marie Girard, prêtre du diocèse d'Orange, était curé de St-Vincent, près Charpey, depuis 1725, quand il fut pourvu de la cure de St-Laurent le 7 octobre 1734. Il trouva dans cette nouvelle paroisse une église « pas lambrissée », et en 1735 l'évêque constatait que le pavé en pierre de taille n'était pas achevé.

M. Girard devint curé de St-Jean-en-Royans, et, le 28 mars 1738, se démit de la cure de St-Laurent, où il fut remplacé par Barthélemy Maurel, du diocèse de Sisteron, présenté par le commandeur Paul-Antoine de Robin-Barbentane, institué par l'évêque de Die le 1er avril 1738, et mis en possession le surlendemain.

M. Maurel, précédemment curé de « Paris et Merlet », diocèse de Die, était fils de Sauveur Maurel et d'Elisabeth Brémond. Il est souvent question de lui dans les actes relatifs à St-Laurent. D'abord, on le voit bénir en 1744 « la petite cloche », refondue par les soins de la commune, laquelle votait en 1753 un budget de charges locales contenant 6 livres pour le cierge pascal, autant pour les gages du sonneur, et 4 livres pour l'entretien des bâtiments de l'église et de la maison curiale.

Le 10 août 1747, une requête est adressée par 43 chefs de familles de St-Laurent au commandeur de Gaillard d'Agoult, pour qu'il leur accorde un vicaire. Il y a, disent-ils, à St-Laurent 560 communiants et « 75 prêts à communier, ayant de 15 à 20 ans, mais ne le pouvant faute d'instruction. » Le 4 septembre suivant, les mêmes paroissiens adressent une autre requête à l'évêque ; ils s'y plaignent de leur curé ; celui-ci, d'après eux, ne sait pas dire un mot en chaire, néglige les catéchismes, laisse mourir les malades éloignés sans sacrements, est fort exigeant pour le casuel, etc. Bref, la religion dépérit de son fait, et il faut le remplacer par un meilleur curé, ce qu'ils demandent instamment au prélat.

Plus tard, le 23 octobre 1759, quelques habitants adressent à

(1) Arch. cit., fonds de St-Laur. et de la command. de Valence ; — *Visites* cit. ; — *Bullet. d'hist. de Valence.*,., IV, 9 ; — Mairie et *reg.* cit. ; — *Vie du P. Vigne*, par l'abbé Veyrenc, p. 118.

l'évêque une pétition pour obtenir qu'il place un vicaire dans la paroisse, qui, disent-ils, a « environ 180 habitants et 700 communiants », et « est composée de 17 hameaux. » Le vicaire ne fut placé qu'en 1762.

« En suite de ses provisions », Maurel devait se présenter au Chapitre provincial, « pour être admis au noviciat de l'Ordre » de St-Jean de Jérusalem, « s'il en était trouvé digne. » Il négligeait de se présenter, et le commandeur de Valence lui rappela ce devoir et le requit de l'accomplir ; mais Maurel ne se présenta pas davantage. Sur l'exposition faite par le commandeur que Maurel ne s'était pas présenté, l'assemblée provinciale tenue à Arles donna ordre le 6 novembre 1747 d'intimer au curé d'avoir à « comparoître au Chapitre provincial du Grand Prieuré qui se célébrerait » le 5 mai 1748, pour se défendre sur l'exposition du commandeur. Cette fois, Maurel fit droit à l'intimation ; mais il oubliait de faire sa profession, car nous avons devant les yeux l'original d'un « mandement » du 12 novembre 1749 par lequel l'assemblée provinciale de l'Ordre, tenue à Arles, prescrivait d'intimer à Maurel d'avoir à se présenter au premier Chapitre provincial de cet Ordre pour être reçu profès s'il en était digne, et ce « sous peine de voir la cure de St-Laurent déclarée vacante. »

En 1753, « messire Barthélemy Maurel, curé de St-Laurent et chevalier de l'Ordre de St-Jean de Jérusalem », adressait une requête au « lieutenant de juge du marquisat du Pont-en-Royans. » Il y disait « qu'en ladite qualité de curé de ladite paroisse », il possédait « deux pièces de terre labourables, et une autre pièce moitié pré et moitié terre, le tout situé audit lieu, l'une vers *May*, contenant environ une sétérée, l'autre allant au mas de *Buyet*, contenant environ une carte, et l'autre situé au mas des Paqualiers, contenant environ dix quartelées. » Il faisait observer que « plusieurs particuliers s'émancipaient, sans aucun droit », de « passer et repasser » dans ces fonds, « même avec des bestiaux chargés ou trenant chars, et d'y construire des chemins, d'y faire dépaître des bestiaux », ce qui portait « un notable préjudice au supliant. » Il réclamait « défense et inhibitions » à qui que ce fût de passer dans ces fonds, et des « informations et peines » en cas de contravention. Le 21 août, Tézier, lieutenant, accordait les défenses et inhibitions demandées, et, le 9 septembre suivant, à l'issue de la messe paroissiale de St-Laurent, un huissier lisait et affichait copie de la requête et du décret sur elle obtenu.

Ces procédures nous indiquent quels étaient les fonds de la cure. Ceux-ci produisaient alors de 30 à 40 livres, et le casuel pouvait aller de 70 à 80, un peu plus haut qu'en 1704, époque où il montait à 60. Une quittance de 1759, de M. Maurel à Antoine Chuilon, nous apprend que le curé recevait alors du commandeur une portion congrue de 175 livres par an. Le revenu annuel de ce curé montait donc à près de 300 livres.

M. Maurel mourut en 1768, à l'âge d'environ 68 ans et fut inhumé au cimetière de St-Laurent. Il fut remplacé par Claude Faure, entré dans le sacerdoce après la mort d'Élisabeth Raillet, son épouse, qui lui avait donné trois fils et trois filles.

Des fils de M. Faure, l'un, nommé Claude, né vers 1751, mourut en 1774, et les deux autres furent prêtres et curés dans le voisinage. De ses filles, l'une, Marie-Anne-Jeanne-Elisabeth, épousa le 9 juillet 1775 Jean Pestre, fils à Alexandre, châtelain de Menglon, et à Marie-Magdeleine Joubert ; une autre, Jeanne-Elisabeth, épousa le 8 octobre 1779 Antoine Gachet (1).

Nous ignorons les destinées de la troisième fille ; mais ce que nous savons bien, c'est que le soin de sa famille privée n'empêcha pas M. Faure de travailler avec un zèle éclairé et constant au bien de sa paroisse, où les vieillards parlent encore avec édification de sa piété et de ses autres vertus.

Sous lui eut lieu un événement important pour la paroisse et que nous devons raconter avec quelques détails.

Depuis fort longtemps, les hameaux et quartiers des *Bournières* et des *Gachetières*, tout en faisant partie de la communauté civile et de la taillabilité de St-Laurent, étaient de la paroisse de St-Thomas et dépendaient des décimateurs de celle-ci, c'est-à-dire des prieurs de la Motte-Fanjas. De là résultèrent souvent des désaccords entre les paroisses de St-Thomas et de St-Laurent, et des plaintes de la part des habitants des hameaux ci-dessus, qu'on invita plus d'une fois à payer leur part des charges locales des deux communes, et notamment des impôts levés pour réparer les églises et les maisons curiales des deux paroisses. C'est ainsi qu'en 1684, Esprit Gachet et Just Buisson, délégués des Bournières et des Gachetières, firent des procédures tendant à ce qu'une des deux paroisses, qui chacune de son côté les avaient imposées pour le même objet, voulût bien renoncer à ses injustes prétentions.

(1) Arch. cit., fonds de la command. et B, 1560 ; — Mairie et *reg.* cit.

Ces deux hameaux durent voir de mauvais œil qu'on les comprit dans une imposition levée sur les trois ordres de St-Laurent, ensuite d'une délibération du 26 avril 1739, pour réparations à l'église et à la maison curiale de ce dernier lieu. Mais en 1749 une inondation emporta une des deux arcades d'un pont jeté sur la Lyonne, entre St-Thomas et nos deux hameaux. Dès lors, les habitants de ces derniers, ne pouvant aller à St-Thomas que quand les eaux étaient basses, durent être baptisés et enterrés, et assister aux offices à St-Laurent.

Ces circonstances encouragèrent les consuls de St-Laurent à comprendre dans le rôle de leurs impôts extraordinaires les deux hameaux qui, de leur côté, virent la chose de meilleure grâce et songèrent à se détacher officiellement de la paroisse de St-Thomas et à s'unir à celle de St-Laurent. Du reste, l'établissement en ce dernier lieu d'une vicairie dont le premier titulaire, nommé en 1762, fut Mr C. Lacour, et qui ne disparut qu'en 1792, favorisait la solution désirée.

Les deux hameaux avaient déjà passé, le 20 juillet 1767, à MM. Louis Alléobert et Bruno Micoud, une procuration en règle pour agir au nom de tous, quand en 1774 ils présentèrent à Mgr de Grave, évêque de Valence, alors en visite canonique dans le Royans, la supplique suivante :

« A Monseigneur l'Evêque et Comte de Valence.

« Supplient humblement les habitants des hameaux des Gache-« tières, paroisse de St-Thomas, et communauté de St-Laurent.

« Exposent à Votre Grandeur, Monseigneur, qu'ils sont soumis « à toutes les charges publiques et contribuables dans la commu-« nauté de St-Laurent ;

« Et qu'ils sont néantmoins de la paroissialité de St-Thomas, où « ils sont tenus de faire tous les exercices de catholicité. C'est préci-« sément ce devoir qui va faire l'objet de leurs requisitions, par une « impossibilité qui s'y trouve très souvent et aporte un obstacle à « remplir leurs devoirs à la paroisse de St-Thomas.

« Il est de fait certain que le torrent de Lyonne, un des plus dan-« gereux du Royannais, sépare le territoire des Gachetières et des « Bournières... d'avec celuy de la paroisse de St-Thomas ; et il est « aussy de fait indubitable, que sur ce torrent il n'y a aucun pont « ni pacerelle... pour communiquer... De là il en résulte trois incon-« vénients bien sensibles pour les suppliants.

« Un desquels est que bien souvent... le torrent est très enflé dans
« les premiers jours du printemps, auquel se trouve presque tou-
« jours les fêtes de Pâques...

« Un autre obstacle se rencontre fort souvent, lorsque leurs fem-
« mes veulent satisfaire aux devoirs de se faire relever de leurs cou-
« ches ; et il y aurait un péril évident pour elles de gayer une rivière
« très froide d'elle-même, et quelquefois un danger de se noyer...

« Un troisième,... l'impossibilité... de pouvoir envoyer leurs en-
« fants aux exercices de la paroisse pour apprendre le catéchisme...

« ... Ils espèrent que Votre Grandeur...voudra bien les dispenser
« de l'obligation de faire leur devoir de catholicité dans l'église pa-
« roissiale de St-Thomas, en joignant lesdits hameaux à l'église de
« St-Laurent où ils sont plus à portée de remplir leurs devoirs...

(Signé) « J. GIZON, Joseph FARAVELON, Pierre GONTIER,
« François DIDIÉ, L. DUBOUCHET, Benoît PONCE, Jean
« ARGOUD..., Louis ALLEOBERT. »

Mgr de Grave, par ordonnance datée de la Motte-Fanjas, « dans
le cours de » sa visite épiscopale, le 11 juin 1774, décida que la pièce
serait communiquée à l'évêque de Die, aux curés de St-Laurent et de
St-Thomas, et au décimateur de St-Thomas. Il se réservait de statuer
ce que de droit, quand il aurait les réponses de tous ces intéressés.

Un de ceux-ci, le décimateur, répondit par la déclaration suivante :
« M. l'abbé d'Arces, chanoine du noble Chapitre de St-Chef et
de St-André-le-Bas à Vienne, vicaire général du diocèse et prieur de
la Motte-Fangeas et décimateur dans le hameau des Gachetières,
ayant pris lecture de la requête ci-dessus, déclare qu'il s'en rapporte
entièrement à la sagesse et aux lumières connues de Mgr l'Evêque et
Comte de Valence sur l'objet de ladite requête, observant qu'il fait
offre de faire poser et d'entretenir une planche la plus solide possible pour faciliter le passage du torrent de la Lyonne, si ce tempéra-
ment peut convenir pour calmer les terreurs et les inquiétudes des
habitants qui sont plus éloignés de St-Laurent que de St-Thomas,
laquelle paroisse n'est pas surchargée d'habitants pour exiger un dé-
membrement sans une cause bien légitime. A Vienne, ce trentième
mars mille sept cent soixante et quinze. D'ARCES, chne , vic. gral
et prieur. »

Ensuite d'une autre lettre de M. d'Arces, écrite à l'évêque de Die,
le curé de St-Laurent fit, du 18 mai 1775 au 18 mai 1778, « toutes les

fonctions curiales des hameaux des Bournières et Gachetières »,
moyennant la somme de 50 livres ; et Mgr Le Franc de Pompignan,
archevêque de Vienne et métropolitain, se trouvant en visite pastorale à St-Marcellin, le 11 juin 1777, les habitants de ces hameaux
lui adressèrent une supplique en faveur de l'union désirée. Mais cet
archevêque renvoya les suppliants devant les évêques de Die et de
Valence, et le 23 mars 1779, le parlement portait un arrêt obligeant
la commune de St-Laurent à rembourser auxdits habitants la somme
de 420 livres imposée sur les deux hameaux pendant une vingtaine
d'années pour charges d'église de St-Laurent.

De son côté, en avril 1780, M. d'Arces, pour ôter à la supplique
les principaux motifs sur lesquels elle était appuyée, écrivait à l'intendant du Dauphiné pour le prier d'enjoindre aux communautés
voisines et intéressées de rétablir le pont sur la Lyonne entre St-
Thomas et les Bournières, et, jusqu'à son rétablissement, d'imposer
une somme suffisante pour la confection d'une planche sur laquelle
les gens à pied pussent passer. M. d'Arces offrait d'y contribuer
comme prieur de St-Thomas, selon l'intérêt qu'il pouvait y avoir et
l'obligation qui pouvait lui en incomber. L'intendant ordonna, le 23
avril 1780, que la requête du prieur serait lue dans une assemblée
des trois ordres de St-Laurent et de St-Thomas. Le 5 juillet, la requête fut intimée à ces communes ; mais tant lesd. hameaux que la
commune de St-Laurent refusèrent de s'imposer pour le pont et
pour la planche, parce que, disent-ils dans une délibération du 22
avril 1781, maintes fois on avait essayé de mettre des planches, et
toujours l'impétueux torrent les avait emportées. Du reste, ajoutent-
ils, « la communauté de St-Laurent n'en retirerait aucun avantage,
« puisque leurs voitures ne pourraient pas y passer, par rapport aux
« autres obstacles qui leur interdisent l'usage de la fréquentation du
« territoire de St-Thomas. » Bien plus, St-Laurent, par délibération
du 15 juillet suivant, mettait pour condition à l'union que les hameaux payassent « une indemnité de 50 louis... pour réparations
« faites depuis bien longtemps où il n'était pas mention de réunion. »
Mais les habitants des Bournières et des Gachetières recoururent à
l'évêque de Valence par requête du 15 décembre 1781 portée par
leur député, M. Louis Alléobert. Ils offrirent de supporter leur part
des charges d'église de St-Laurent, auquel ils désiraient être unis,
à moins que Sa Grandeur ne préférât établir dans les hameaux une
succursale dont le titulaire serait payé par M. d'Arces, ou que

M. d'Arces ne renonçât à la dîme, laquelle serait dévolue à ce titulaire. Dans ces derniers cas, ils fourniraient la cloche et les autres choses nécessaires. On leur répondit :

« Avant de dire droit, soit communiqué au sieur décimateur du
« prieuré de la Motthe-Fanjeas et de St-Thomas, pour, sur les ré-
« ponses, être statué ce qu'il appartiendra. Donné à Valence, sous le
« seing de notre vicaire général, le 15 décembre mil sept cent quatre-
« vingt-un. (Signé) De SAINT-PIERRE, vic^re gén^ral. »

Le 3 janvier 1782, M. d'Arces répondit qu'il consentait à l'union demandée et offrait de payer sa part de la portion congrue du curé et des autres charges imposées aux décimateurs pour la paroisse de St-Laurent, à proportion de la dîme et du nombre de communiants desdits hameaux.

Nanti de l'acte de consentement du prieur, Alléobert et son procureur prient l'évêque de Valence de commettre celui de Die pour procéder, comme il l'avait offert en 1780, aux désunion et union sollicitées. Ils obtiennent l'ordonnance suivante :

« Fiacre-François de Grave, par la miséricorde divine et la grâce
« du Saint-Siège Apostolique, évêque et comte de Valence, prince
« de Soyons, conseiller du roy en tous ses conseils, etc.

« Vu la requête des habitants des hameaux des Bournières et des
« Gachetières ; notre décret de Soit communiqué à Monseigneur
« l'Evêque de Die, au curé de St-Laurent, à celui de St-Thomas et
« au gros décimateur, du onze juin mil sept cent soixante et qua-
« torze ; réponses d'iceux ; itérative requête desdits habitants ; décret,
« mis au pied, de Soit communiqué au gros décimateur, du quinze
« décembre mil sept cent quatre vingt-un ; réponse, offre et consen-
« tement dudit gros décimateur, portant qu'il consent à la désunion
« desdits hameaux de la paroisse de St-Thomas, et à leur union à
« celle de St-Laurent ; requête en recharge et ultérieure desdits ha-
« bitants à nous présentée :

« Nous, Evêque et comte susdit, avons consenti, comme nous con-
« sentons, à ce que lesdits hameaux des Bournières et des Gache-
« tières soient disjoints et désunis de la paroisse de St-Thomas en
« notre diocèse et unis à celle de St-Laurent du diocèse de Die ;
« comme aussi consentons à ce que la désunion et l'union desdits
« hameaux soient faites en une seule et même procédure par Mon-
« seigneur l'Evêque de Die, et, pour ce, transportons à mondit Sei-
« gneur tous les pouvoirs qui nous compettent pour notre part en

« ce qui concerne la désunion desdits hameaux de la paroisse de
« St-Thomas, lesquels pouvoirs nous le prions d'accepter. Donné à
« Valence, le vingt-trois janvier mil sept cent quatre vingt-deux.

> *(Place du sceau)*   « † F., Evêque de Valence. »

Munis de cette ordonnance, les habitants recoururent à l'évêque
de Die, qui répondit :

« Nous commettons le sr Lagier, l'un de nos vicaires généraux,
pour procéder aux fins de la présente, circonstances et dépendances,
parties intéressées présentes ou duement appelées. Donné à Die, le
1er avril 1782... »

M. Lagier fixa son départ au 22 avril, et le commencement des
procédures au 24, et à cet effet on convoqua chez M. Claude Faure,
curé de St-Laurent, les parties intéressées et des témoins capables
de donner des renseignements vrais. Mais une grande quantité
d'affaires étant survenue à M. Lagier, celui-ci ne commença les procédures que le 17 juillet.

L'enquête et une visite de M. Lagier lui-même sur les lieux furent
favorables à la réunion, qu'approuvèrent les notables et consuls de
St-Laurent dans une assemblée tenue le 1er septembre 1782 et pré-
sidée par M. Marchand, châtelain du marquisat du Pont ; et, après
diverses formalités administratives, les Bournières et les Gachetières
furent définitivement unies à la paroisse de St-Laurent par un décret
de Mgr Gaspard-Alexis de Plan des Augiers, dont voici le dispositif :

« ... Tout considéré et le saint nom de Dieu invoqué, Nous avons
« séparé et désuni, séparons et désunissons les hameaux des Bour-
« nières et Gachetières de la paroisse de St-Thomas-en-Royans,
« diocèse de Valence, et les avons unis et unissons à la paroisse de
« St-Laurent, de notre diocèse, à perpétuité, pour y jouir des mêmes
« secours spirituels dont jouissent les habitants de ladite paroisse
« de St-Laurent. Et il sera payé annuellement par le décimateur
« desd. hameaux quinze livres au curé de St-Thomas, cinquante
« livres aux curés de St-Laurent et quinze livres à leur vicaire.

« Donné à Die, dans notre Palais épiscopal, sous notre seing, et
« contre-seing de notre secrétaire, le six novembre mil sept cent
« quatre-vingt-deux.

> « † GASPARD-ALEXIS, évêque et comte de Die.

> « Par Monseigneur : BLANC, secrétaire (1). »

(1) Titres origin., communiqués en 1863 par M. Alléobert, de St-Laurent-en-
Royans.

M. Claude Faure, décédé le 3 juillet 1788, « après avoir reçu les
« sacrements et secours de l'Eglise avec toute l'édification possible »,
et à l'âge de 65 ans, fut remplacé par M. Jean-Baptiste Tortel, né à
Ste-Eulalie le 24 janvier 1760, de Pierre-Jacques et de Marie Ramu (2),
vicaire de St-Jean-en-Royans, et pourvu de notre cure par Mésangère, procureur du commandeur (1).

Le nouveau curé était au poste quand arriva la tourmente révolutionnaire, dont nous allons, en ce qui concerne St-Laurent, rappeler quelques souvenirs conservés par les archives et la tradition
locale.

Cette commune ne fut ni des premières ni des plus ardentes à se
jeter dans les excès qui déshonorèrent tant de localités en France
vers l'époque néfaste à laquelle nous sommes arrivés. Encore dans
le cours de 1791, sa municipalité votait les articles suivants des charges locales de 1792 :

« 1° Pour le cierge pascal, 6 livres.

« 2° Pour les gages du sonneur de cloche, 6 l.

« 3° Pour réparation au couvert de l'église, 6 l.

« 4° Pour les réparations du corps de garde, 50 l.

« 5° Pour le logement du vicaire, la commune n'en ayant aucun,
20 l.

« 6° Pour une pension due à M. de Béranger, ensuite d'une transaction entre lui et la commune, pour pâturage et bûcherage aban-
donnés à celle-ci, 28 l.

« 7° Pour intérêts de 1,200 l. empruntées pour aider à la reconstruction du pont sur Vernaison entre St-Laurent et Pont-en-Royans
(reconstruction de 1788), 60 l.

« 8° Pour le remboursement d'une somme empruntée depuis trois
ans pour l'achat de métal nécessaire à la refonte d'une cloche, 125 l.

« 9° Dette à un maçon pour réparations faites depuis trois ans à
la maison curiale, 29 l.

« 10° Pour payer François Souffrey et François Guibourg, volontaires dans la garde nationale, 100 l.

« 11° Dette à M. Marchand, not° au Pont, d'un emprunt pour les
réparations de la cure en 1787, 120 l.

« 12° Pour honoraires du secrét° greffier de la municipalité, 150 l.

(1) Mairies de St-Laurent et de Ste-Eulalie, regist. de cathol. ; — Arch. de la
Drôme, fonds de la commanderie.

« 13° Pour bois, chaux et trois cordes de planches employés à la cure, 112 l.

« 14° Autres dettes provenant des réparations à la cure, 16 l. 6 s.

« 15° Pour cierge pascal, sonneur et réparations du toit de l'église de Laval, 16 l. »

Le directoire du district ayant refusé l'approbation des 11 derniers articles, la municipalité, réunie le 20 janvier 1792, décidait d'insister pour l'obtenir.

Cependant les ordres transmis en vertu des nouvelles lois étaient le plus souvent exécutés. Ainsi, vers octobre 1792, dans l'église du lieu, à l'issue de Vêpres, tous les membres du conseil général de la commune, ainsi que MM. Jean-Bapte Tortel, curé, Jean-Ante Jaubert, vicaire de St-Laurent, et Bellier, curé de Laval, offrirent « de « prêter serment de conformité à la loi du 14 août dernier ; à quoi « satisfaisant, la main levée, ont juré d'être fidèles à la Nation et de « maintenir de tout leur pouvoir la liberté et l'égalité, ou de mourir « à leur poste. »

Les registres de catholicité de la paroisse, inventoriés le 20 novembre 1792, étaient remis, le 2 du mois suivant, par M. Tortel, aux officiers municipaux.

En mars 1793, sept volontaires partaient de St-Laurent pour aller défendre la patrie. La commune, de conformité à la loi du 24 février, fit l'équipement de chacun. On donna à chaque volontaire sa part d'une quête ou souscription libre recueillie chez les habitants. Celle-ci montait à 734 liv. 6 sous, dont 75 liv. données par M. Tortel, curé, et 10 liv. données par M. Jaubert, vicaire. Avec 1,625 liv. 14 sous fournis par la commune, ce fut en tout une somme de 2,360 livres trouvée et répartie entre les volontaires. Quant à l'offrande fort généreuse du curé, elle ne fut sans doute pas étrangère à l'éloge pompeux fait de lui dans un certificat de civisme que les officiers municipaux lui délivraient le 7 avril 1793, et où ils disaient notamment que M. Tortel *se comportait et s'était toujours comporté en bon et loyal républicain.*

Ce que ce certificat prouve le plus clairement, c'est que les habitants de St-Laurent continuaient à aimer leur curé. Du reste, leur religion se manifestait encore le 7 décembre 1793 (17 frimaire an 2) dans le vote qu'ils faisaient de 20 livres pour le cierge pascal de St-Laurent et celui de Laval, de 50 livres pour le raccommodage du clocher et de l'église, et de 10 liv. pour gages du sonneur de cloche.

4

Mais la tempête révolutionnaire redoublait de fureur et s'étendait partout. St-Laurent ne pouvait tarder d'en recevoir des coups meurtriers.

Déjà, en vertu du décret de la Convention nationale du 17 juillet 1793, « le citoyen Chalvin, feudiste, dépositaire des titres féodaux « dépendant de la ci-devant commanderie de Valence », avait déposé à la maison commune divers titres et papiers, quand, le 10 novembre de ladite année, la municipalité arrêtait qu'en exécution de la loi du 17 juillet passé, « les terriers et papiers cy-devant seigneu- « riaux » seraient « brûlés en présence de tous les citoyens de la « commune, devant la porte de la maison commune (1). »

Cependant, le 24 du même mois de novembre 1793, la municipa- lité étant réunie, le procureur remet sur le bureau « un acte extra- « judicial signifié à la municipalité en sa personne, à la requête de « citoyen Pierre Béranger, détenu à Ste-Marie-d'en-Haut à Gre- « noble, dans lequel il expose qu'il ne peut remettre ses papiers, « terriers et titres seigneuriaux pour être brûlés, attendu que le dé- « partement de l'Isère lui a refusé l'élargissement provisoire de son « agent aussi détenu, et que les rentes sont foncières. » On arrête que le citoyen Louis Alléobert, officier municipal, ira à Valence re- mettre à l'administration copie de la requête, et demander quelle conduite la municipalité doit tenir.

En décembre 1793, Toulon est repris aux Anglais, et un décret rendu en mémoire de cette conquête invite les populations à célébrer *la fête des Victoires.*

Le dimanche 19 janvier 1794 (3e décadi de nivôse an 2), le conseil communal se rendit sur la place publique où le peuple était assem- blé ; de là on partit pour aller dans le champ où fut « célébrée la fête de la déesse Raison, et au milieu duquel la municipalité avait fait dresser un autel. » Pendant la marche, on entonna deux hymnes patriotiques. Parvenu au susdit champ, le peuple forma le cercle, « et le conseil de la commune monta à l'autel avec le citoyen Pour- roi, invalide retiré dans cette commune, auquel le conseil avait cru devoir désigner une place honorable dans cette fête, afin de prouver la reconnaissance de la patrie envers ceux qui se dévouent si généreusement à sa défense. »

... « L'hymne de la liberté » fut « entonnée en entier » ; puis « le pré-

(1) Mairie de St-Laurent, reg. de cathol. et délibér. municip.

sident de la Société populaire » s'avança « au pied de l'autel et pro-
nonça un discours analogue à la circonstance, dans lequel il déve-
loppa avec énergie les principes de la liberté et de l'égalité, et inspira
au peuple une reconnaissance éternelle envers les vainqueurs de
Toulon. »

A l'instant, le citoyen maire « proclama un arrêté portant que tous
les citoyens de la commune seraient tenus d'illuminer ce soir les fenêtres de leurs maisons », et invita « le peuple à se réunir une heure
avant la nuit dans le même emplacement pour assister à un feu de
joie que la municipalité allait faire préparer pour donner à la fête
tout l'appareil convenable. » Arrêté et invitation furent « reçus avec
les plus vifs applaudissements ; les cris de *Vive la République ! Vive
la Montagne ! Vive les Sans-Culottes !* » se firent « entendre de toute
part, et les membres du conseil général » se retirèrent « laissant les
citoyens et citoyennes divisés en groupes dansant la Carmagnole. »

« Le conseil, rentré au lieu de ses séances », apprit que « la commune » demandait qu'il fût « procédé aujourd'hui au brûlement
d'une lièvre de recette étant entre les mains du citoyen Alléobert, en
qualité de fermier des biens du nommé Bérenger qui possédait une
directe dont l'application se faisait dans cette commune. » Le citoyen
maire expliqua qu'étant le matin à la Société populaire dont il était
membre, il avait reçu la lièvre des mains d'« un autre membre qui en
était dépositaire pour prendre les notes nécessaires à l'effet de régler
des comptes que ledit Alléobert prétendait exister entre lui et le
nommé Bérenger. »

Quelques membres du conseil, étant sortis et rentrés, dirent « que
le peuple persistait à demander » le brûlement de la pièce. On con-
sidéra qu'il était étonnant que le citoyen Alléobert eût gardé si longtemps « une pièce qui eût dû déjà avoir été brûlée publiquement à la
forme de la loi », et que, ce citoyen étant un des membres du conseil,
ce dernier n'en était que plus rigoureusement tenu à faire exécuter la
loi. La pièce, dit-on, « sera déposée publiquement sur le bûcher ou
feu de joie qui doit avoir lieu. »

Enfin, le peuple étant assemblé autour du bûcher, ensuite de l'invitation faite le matin par le citoyen maire, et le conseil s'y étant
rendu, ce même citoyen maire déposa la pièce en question sur le
bûcher, auquel il mit « le feu aux cris mille fois répétés de *Vive la
République ! Vive l'Egalité !* »

Sauf M. Alléobert, qui ne crut pas devoir participer à ces pauvres fêtes, tous les conseillers signèrent le procès-verbal qui en fut rédigé le soir même. On comprend que nous en taisions les noms. Au surplus, nous ne sommes pas au bout des œuvres de notre municipalité.

Le 12 février 1794 (quartidi de la 3ᵉ décade de pluviôse an 2), cette dernière décida le changement du nom trop religieux de la commune en celui de *Montagne de Larps*, et, sept jours après, elle inventoria avec M. Bellier, curé de Laval, les ornements et vases sacrés de ce dernier lieu, et les envoya au département. Nul doute qu'elle n'en ait fait autant au chef-lieu de la commune, notamment pour « la seconde cloche de la paroisse », bénite par M. Faure en 1777.

Du reste, le zèle de la municipalité allait croissant. Peu de jours après, elle décida qu'on veillerait à l'exécution de la loi prescrivant le travail les dimanches et fêtes, et le repos les décadis, sous peine de 24 jours de prison pour ceux qui se reposeraient le dimanche, et de 8 jours pour ceux qui travailleraient le décadi.

Le 25 juillet suivant (7 thermidor an 2), elle réitéra avec sévérité l'ordre de travailler le dimanche et de se reposer le décadi ; elle défendit aux cabaretiers de donner à boire le dimanche, et leur recommanda d'ouvrir toutes grandes leurs portes le jour de décadi.

Et cependant, il résulte de plusieurs délibérations du Conseil, que l'ardeur des meneurs ne put triompher du bon sens de notre population, essentiellement honnête et chrétienne. La masse du peuple continua à se reposer le dimanche pour travailler le décadi. Les auberges restèrent vides le décadi et ouvertes le dimanche. On brava les menaces de prison et on se moqua des amendes. Il est vrai que les maîtres du jour étaient impuissants à procurer le bien-être et l'abondance. En 1794, la récolte des noix fut à peu près nulle, et vers la fin d'octobre ou le commencement de novembre de cette année (brumaire an 3), le Conseil dut, l'huile ordinaire manquant, recourir à celle du fruit de fayard, et força tous ceux qui n'étaient pas nécessaires chez eux, à aller sur la montagne ramasser de ce fruit. Et cependant, l'heure du retour à Dieu se faisait attendre. Par délibération du 21 novembre de la même année (1 frimaire an 3), le Conseil arrêta : 1° que l'église serait le lieu de réunion des citoyens les jours de décadi et ceux consacrés aux fêtes nationales, pour faire la lecture des lois de la Convention nationale ; 2° que la chapelle des Pénitents pouvait, par sa situation, servir de local pour le rassemblement des enfants des deux sexes appelés à s'instruire ; 3° que la cure, servant alors de maison commune, servirait au même objet, à la réserve de quelques pièces en dépendant pour le logement de l'instituteur. Toutefois, deux ou trois jours après, en suite d'un arrêté du Comité de salut public, on mit sur l'église l'inscription suivante : *Le peuple reconnaît l'existence de l'Être suprême.* Enfin, le 10 septembre 1796 (24 fructid. an 4), la chapelle des Pénitents fut, à titre de bien national, adjugée à Joseph Pailler, et le 15 du même mois (29 fructid.), la maison curiale et 110 toises de terrain furent, au même titre, adjugées à Joseph Cluze et Jean Chuilon (1).

A ces renseignements fournis par les archives, la tradition ajoute les suivants.

Pendant les fureurs révolutionnaires, on voulait faire brûler quelques linges de l'église de St-Laurent dans le four d'un particulier du bourg, de l'honorable M. Tortel ; mais Madame Tortel s'opposa avec courage à cette tentative sacrilège.

Un homme nous racontait en 1863 qu'un des profanateurs de l'église en question pendant la Révolution, mourut quelques années après à Laval, dans un bois, d'une manière si subite et si imprévue, que ceux qui étaient à ses côtés ne purent absolument rien comprendre à pareille mort. Le fait, tel quel, ne signifie pas grand'chose ; mais notre narrateur, témoin oculaire, ajoutait : « Enfin, cet homme est mort frappé de Dieu ; certainement c'était une punition de Dieu. » Et cependant, l'appréciation émanait d'un homme, hélas ! fort peu religieux.

On nous a parlé d'un autre, qui *avait plusieurs fois* monté dans la chaire de la même église, et de là, jeté en bas avec force un grand crucifix en bois, sans pouvoir le briser, et qui fut des plus empressés à le remettre à la place d'honneur, au rétablissement du culte.

Mais, où était le curé, M. Tortel, pendant que l'homme ennemi faisait le mal à St-Laurent.

D'après la tradition, contraint de quitter son presbytère par des brigands armés de fusils et le menaçant de la mort s'il ne sortait sur-le-champ ou s'il faisait la moindre résistance, il ne s'éloigna cependant guère de sa paroisse. Il se réfugia, tantôt à Echevis, dont M. Darène était curé, tantôt dans les bois de Laval, toujours prêt à rentrer au moindre calme, et rendant de loin tous les services possibles à ses paroissiens. Du reste, il y avait au bourg de St-Laurent,

(1) Mairie de St-Laurent, délibér. municip.

dans la maison occupée plus tard par M. Lottier maçon, un laïque qui baptisait secrètement et quelquefois même s'intéressait aux sépultures.

Un acte des registres de catholicité d'Echevis nous représente M. Tortel comme curé de St-Laurent en juin 1797. Il est avéré d'autre part que depuis le mois d'avril de la même année, les persécuteurs laissaient quelque liberté aux prêtres catholiques dans l'exercice de leurs fonctions. Mais, quel est ce « sʳ Effantin, curé, » dont M. Darène avait le consentement en mai 1799, pour bénir le mariage d'époux de St-Hilaire et de St-Laurent? En tout cas, M. Tortel était avec M. Darène le 24 février 1800 ; il figure comme simple témoin, et avec le simple titre de prêtre, à la bénédiction du mariage d'époux tous deux de St-Laurent, bénédiction donnée par M. « Darène, prêtre. » Ce dernier fit encore presque jusqu'à la fin de 1800, des baptêmes et mariages de personnes de St-Laurent, relatés dans les registres d'Echevis, et le 24 juin de la même année, il fit des baptêmes à Laval, avec M. « Tortel, curé de St-Laurent, » et le curé de Ste-Eulalie pour témoins. Puis, l'ordre revint enfin et St-Laurent accueillit son pasteur.

L'église de ce lieu menaçait ruine en 1799. Le mal s'était encore aggravé en 1800 ; une partie du toit était tombée, et l'autel avait été complètement dévalisé. M. Tortel, rentré publiquement dès la fin de cette dernière année, ne savait où célébrer convenablement l'office divin. On sonnait l'Angelus dès la fin de mai 1801, mais l'église attendait encore, en août suivant, des réparations urgentes. Enfin, le 21 septembre de la même année (4ᵉ jour complém. de l'an 9), le Conseil municipal décida que l'on ferait une quête volontaire et libre pour les réparations ; il estimait que ceux-là seuls étaient obligés d'y contribuer, qui voulaient participer aux cérémonies religieuses.

Bientôt après, on s'occupa de la quête, puis on acheta de Jean Argoud, acquéreur d'une partie des biens des Chartreux de Bouvante, un petit autel provenant de l'église de ces religieux et qu'on voit encore dans celle de St-Laurent (1). Mais, sur ces entrefaites, c'est-à-dire à la fin de 1801, M Tortel quitta St-Laurent et alla desservir la petite paroisse de St-Thomas-en-Royans, où il mourut quelques années après, laissant au séminaire diocésain un capital de 6,000 fr. pour fondation d'une bourse en faveur d'un aspirant au sacerdoce, et pour laquelle ses parents ont droit d'être préférés.

(1) Reg. de l'église d'Echevis; — Id. de St-Laurent; — Id. de la mairie de St-Laurent, délibér. municip.

Il fut remplacé à St-Laurent, dès le commencement de 1802, par Jean-François Jayme, natif de Briançon, prêtre fort instruit, qui avait été vicaire de St-Laurent de 1783 à 1787, puis curé du côté du Grand-Serre.

M. Jayme fut le véritable restaurateur du culte dans sa nouvelle paroisse. Le 4 février 1803 (15 pluv. an 11), un conseiller municipal constatait que « l'édifice public servant au culte, l'an passé en ruines, » était présentement réparé et qu'on y célébrait. Le maire avait donné l'adjudication au rabais. La quête avait payé en partie, mais la plus grosse partie était due. Le Conseil décidait que, pour achever de payer et pour acheter autel, vases sacrés, ornements, etc., on permettrait aux habitants de mettre dans l'église des bancs et banquettes payant plus ou moins selon l'endroit. L'église avait le chœur au levant, une grande porte à l'extrémité occidentale, et une petite porte latérale vers le midi, à quatre mètres du chœur. La maison curiale et le jardin étaient au nord.

Ce fut le 12 octobre 1803 (19 vendém. an 12) que M. Jayme prêta le serment alors prescrit aux desservants. Quant à la paroisse, la nouvelle organisation nous la montre quelques mois plus tard comprenant Ste-Eulalie, dont l'église n'était qu'annexe. Vers 1805, les municipalités des deux communes discutaient pour savoir si le vicaire paroissial résiderait au chef-lieu ou à Ste-Eulalie.

En 1807, la cloche était fendue et le clocher menaçait ruine. Le 18 juin, le Conseil municipal chargea le maire Lamberton et le sr Gizon de faire réparer le clocher et refondre la cloche. Celle-ci fut confiée au sieur Meunier, maître fondeur, travaillant à St-Nazaire, et bénite le 27 octobre 1807 par M. Jayme. Mais cette cloche, qui pesait alors 745 livres et avait coûté 595 f. 16 sols pour frais de refonte, fut refondue de nouveau et augmentée de 65 livres 8 onces par Rosier en 1812.

Dès la fin de 1818, M. Jayme dut renoncer à ses fonctions, à cause d'une infirmité. Il mourut vers 1822, à St-Laurent, où M. Mucel, originaire de cette paroisse, l'avait remplacé et fut lui-même, en 1821, remplacé par M. Pierre Enjolras.

Ce dernier a laissé des souvenirs de son zèle et de sa piété. Il ne transigeait guère avec les vanités du siècle, comme le prouvent divers traits qu'on nous a cités de lui. Vers 1825, il fit élever un calvaire avec chemin de croix de 14 stations, partant de l'église et suivant la rue principale, le chemin allant vers les forges, puis, en fléchissant à droite, le chemin des *Serres*, pour arriver à celui du Vialon, près duquel étaient trois croix et la station principale, et d'où on revenait en droite ligne à l'église. Ce parcours était ordinairement suivi par les processions de quelques fêtes, et plusieurs y faisaient le *grand voyage*, surtout la veille ou le matin de Pâques.

A M. Enjolras, décédé à St-Laurent vers décembre 1826, succéda M. Antoine Lyon, originaire de St-Jean-en-Royans, et par les soins duquel fut, vers 1830, construit le joli clocher qui s'élève au nord du chœur, en remplacement d'un beffroi bas et difforme qu'il y avait à l'angle sud-est, sur la sacristie actuelle. Il obtint l'acquisition, par la commune, du presbytère et du jardin attenant, qui avaient été achetés de la nation par Joseph Cluze et Jean Chuilon, et occupés depuis par M. Jayme. Il fit remplacer les quatre gros piliers isolés s'élevant dans l'église et soutenant une toiture nue à l'intérieur, par les pilastres et grands arcs actuels soutenant le lambris. Enfin, il obtint pour son église une parcelle des ossements de S. Laurent martyr, authentiquée à Rome, le 18 juin 1833, par l'archevêque de Durazzo, et que Mgr de La Tourrette, évêque de Valence, permit, le 3 janvier 1834, d'exposer à la vénération des fidèles. M. Lyon fut promu, en juin 1837, à la cure du Grand-Serre, d'où il devait être transféré ensuite à celle d'Etoile, pour mourir en ce dernier poste, le 26 janvier 1870, avec la réputation bien méritée d'un saint prêtre, d'un curé éminent, d'un administrateur distingué (1).

Joseph Rouveyre, de Montélimar, vicaire de Romans, fut curé de St-Laurent dès juillet 1837; il érigea un chemin de croix dans l'église en 1838, fit donner une mission en 1840, et tourner le chœur du nord au couchant. Il mourut le 22 novembre 1845, et fut enterré au milieu du cimetière d'alors, où l'on voit encore sa longue pierre sépulcrale, surmontée d'une croix en fer où est gravée son épitaphe.

Son successeur, Xavier Chenu, précédemment secrétaire de l'évêché, tint seulement le poste de février à novembre 1846. Il y fut remplacé par Antoine Brun, originaire de Bouvante, et qui (détail certain, dont M. Brun lui-même nous a souvent entretenu) avait, dans ses premières années de sacerdoce, aidé en bon nombre de missions et de retraites Jacques-Marie Bellier, saint et célèbre missionnaire de notre diocèse. Transféré de la succursale de La Vache à celle de St-Laurent en 1846, il contribua puissamment à conserver

---

(1) Mairie de St-Laurent, *délib.*; — Arch. de l'église de St-Laurent, *passim.*

à sa paroisse le legs important de M. Chuilon en faveur d'écoles religieuses et d'une vicairie. Celle-ci fut remplie, dès 1852, par l'arrivée de M. Adolphe Magnat, premier vicaire de St-Laurent depuis 1830, année où cette paroisse avait cessé d'en avoir un, par suite de l'érection de Ste-Eulalie en succursale. Après avoir fait remettre le chœur de l'église au levant, rétabli la confrérie des Pénitents, extirpé l'habitude du blasphème et travaillé de toute manière pendant dix ans au bien de St-Laurent, M. Brun fut transféré à St-Bardoux, puis à Crozes. Retiré à Romans en 1867, à cause de son grand âge, il fut contraint, par ses infirmités, d'aller en 1871 recevoir les soins dévoués d'un de ses neveux, à Livron, où il a rendu son âme à Dieu le 21 juin 1872, à l'âge de 82 ans. Son successeur à St-Laurent fut M. Joseph-Victor-Fortuné Champavier.

Né à St-Jean-en-Royans en 1794, ce dernier avait été, après de brillantes études, ordonné prêtre avec dispense de 15 mois d'âge. Il nous a raconté que, encore tout jeune prêtre, aidant Jacques-Marie Bellier dans une mission donnée à St-Péray (Ardèche), il fut chargé de faire la quête, avec deux notables de la localité, pour la construction d'une église à Guillerand, et trouva 22,000 francs. Placé, bientôt après, à la tête du collège de Montélimar, il amena cette maison à un degré extraordinaire de prospérité et de renommée, comme le constatèrent depuis en termes formels les Annuaires de la Drôme. Devenu directeur général du Prytanée de Menars (Loir-et-Cher), fondé par le prince Joseph de Chimay, et où nous le trouvons en 1841, il quitta la direction de cette importante maison pour rentrer dans notre diocèse, et se fixa à St-Jean-en-Royans. Chargé par Mgr Chatrousse de desservir la paroisse d'Oriol, il fut appelé par ses concitoyens à représenter le canton de St-Jean au Conseil général de la Drôme, et contribua puissamment, à ce titre, à la réussite de la percée des Goulets. C'est à son zèle et à ses soins qu'est due principalement la construction de l'église et de la cure d'Oriol.

Le mandat de Conseiller général lui avait été renouvelé, quand, en 1856, il fut transféré par Mgr Chatrousse à la succursale de St-Laurent. Il y était depuis peu de temps, lorsque Dieu le soumit à une rude épreuve, dont sa charité sacerdotale fut seule l'occasion.

Inculpé de subornation d'un témoin appelé à déposer dans une affaire grave d'un de ses paroissiens que le bon pasteur aurait voulu sauver, il obtint heureusement justice devant la cour d'assises de la

Drôme. Son triomphe lui fournit une nouvelle occasion de montrer la grandeur de son âme sacerdotale en proclamant solennellement, avant de se retirer de la séance où son innocence venait d'être reconnue, qu'il pardonnait de tout cœur à tous ses ennemis. A son retour dans sa paroisse, son peuple alla le chercher en foule jusqu'au pont de Cholet, où des notabilités et le peuple de St-Jean l'avaient accompagné. Quand sa voiture arriva à 700 mètres du village de St-Laurent, quatre de ses paroissiens voulurent la traîner eux-mêmes jusqu'à la porte de l'église, où le digne pasteur entra au milieu des ovations de la paroisse entière ravie de bonheur. Quoique ce fut un dimanche, l'émotion empêcha le digne curé de parler à son peuple. Il se contenta de célébrer le St-Sacrifice, et de terminer l'office par ces mots qui rappellent saint Jean : « Mes frères, je ne vous dirai que ceci pour aujourd'hui : aimez-vous les uns les autres. »

Parmi ses œuvres à St-Laurent, nous rappellerons seulement ici la fondation de l'institution en faveur des sourds-muets, aujourd'hui florissante ; l'achat d'une cloche de 20 quintaux, en suite d'un don de 2,000 francs fait pour cela en 1859 par Sébastien Pailler ; et l'achat en 1861 d'un beau maître autel en marbre de 4,000 francs, où a été employé un don de 1,000 francs d'Eulalie Algoud épouse Fontaine.

M. Champavier a rendu son âme à Dieu le 28 septembre 1874. Il était chanoine honoraire de Blois et de deux autres diocèses, et officier d'académie.

Il a été remplacé à St-Laurent par M. Chaix, précédemment curé de Charols. Ce bon prêtre, estimé et aimé de sa population, y a continué l'œuvre sainte jusqu'à la fin de juin 1893. A cette époque, son âge et l'état de sa santé l'ont obligé à prendre sa retraite.

Il a eu pour successeur M. Jean-Frédéric Escoffier, précédemment curé de Ponsas, et ancien vicaire de St-Laurent, où il était justement estimé de ses paroissiens, quand, au commencement d'octobre 1894, il est devenu professeur au grand séminaire de Romans.

La science, la piété et le zèle de son successeur, M. Xavier Clapier, précédemment professeur de dogme et de liturgie à Romans, sont pour nous une parfaite garantie de l'avenir de notre chère paroisse natale.

IV. — CHAPELLES.

Chapelles intérieures. — Nous avons déjà eu l'occasion de dire qu'il y avait en 1706 et en 1760 dans l'intérieur de l'église les *chapelles du St-Esprist, du St-Rosaire et de St-Antoine*. Les procès-verbaux de visite de 1729 et de 1735 nous indiquent où elles étaient situées. Celle du St-Esprit était à côté du maître-autel, du côté gauche en entrant ; celle du St-Rosaire était du côté opposé, à droite ; la troisième était « au milieu de la nef de l'église, du côté droit en entrant, et sous le vocable de St-Antoine de Padoue. » Elles consistaient en de simples autels, souvent assez mal munis des objets nécessaires. Aussi l'évêque prescrivit-il en 1735 des réparations et fournitures. Elles n'avaient aucune donation, aucun revenu, par conséquent aucun recteur ; mais elles servaient d'ornementation à l'église et favorisaient la piété. La Révolution et les modifications faites depuis un siècle à cette église, en ont amené le déplacement ou plutôt la disparition. On y trouve aujourd'hui l'autel de la sainte Vierge à droite de l'autel principal, et celui de St-Joseph du côté opposé.

Mais nous avons surtout à parler ici des chapelles situées hors de l'église paroissiale, et voici celles de ce genre que nous connaissons.

Chapelle de la maison des Templiers, plus tard de l'Hôpital. — La maison des Templiers, plus tard de l'*Hôpital*, de la *commanderie*, dont nous avons parlé, et qui disparut au xvıᵉ siècle, avait évidemment sa chapelle, surtout à l'époque où l'hospitalité y était exercée. Mais nous ne possédons sur cette chapelle aucun renseignement particulier.

Chapelle de la Bâtie. — Le mamelon des *Tracols* le plus rapproché du chemin allant du village de St-Laurent aux *Gachetières* et aux *Bournières*, était jadis couronné par une maison forte ou château appelé de *la Bâtie*.

Ce n'est pas ici le lieu de rechercher l'origine de ce château ni d'indiquer les diverses phases de son existence. Il suffit de rappeler que, certainement bâti avant le xıvᵉ siècle, il fut souvent aux xvᵉ, xvıᵉ et xvııᵉ la demeure des Bérenger de Sassenage, ses possesseurs, seigneurs de Pont-en-Royans, St-Laurent, etc., et qu'il était à la fois un château fortifié et un château de plaisance. Du reste, pourvu en 1661 d'un jardinier appelé Victor Fontaine, habité en 1672 et 1678 par un concierge nommé Jacques Fabre, et en 1693 par sieur Just La Gachetière, capitaine châtelain de St-Laurent, il n'était point abandonné en 1720, puisque M. Jean Terrot était alors chargé par M. de Sassenage de surveiller les travaux à y faire. Mais, négligé ensuite, il finit par disparaître à l'époque de la Révolution, et il n'en reste aujourd'hui d'autres traces que des débris de tuiles et d'ardoises, mêlés à la terre secouée chaque année par la charrue du laboureur.

Ce qui doit fixer notre attention, c'est une chapelle que ce château contenait, mais sur laquelle nous n'avons presque aucun détail. On sait seulement que, quelques années avant, la Révolution, elle était la partie la mieux conservée du château, et que vers 1789 on y disait encore quelquefois la sainte Messe. Quelques vieillards nous ont rapporté que des personnes du voisinage, notamment des demoiselles Alléobert, allaient y faire leurs prières. Mais, comme le disent la tradition et la *Notice sur la famille Terrot*, vers la fin du siècle passé tous les matériaux du château furent enlevés pour bâtir, et la chapelle disparut comme le reste « On voit encore à Saint-Jean, sur la porte d'entrée de la maison Actory, écrivait en 1865 l'auteur de cette *Notice*, une pierre ciselée, qui était le dessus de la porte de la chapelle du château de la Bâtie, et au Pont, la grande pierre de la cheminée de la cuisine de M. Thézier, est venue de même du château, et porte encore les armoiries de la famille de Sassenage » (1).

Chapelle des Pénitents. — Le 3 mai 1680, les Pénitents du Saint-Sacrement achetèrent, au prix de 90 livres, « un tènement de plassage de chazal assis au bourg dud. St-Laurans, » pour s'y construire une chapelle. Celle-ci fut, en effet, construite bientôt après, et les confrères y disaient leur office. Elle était au nord-est de l'église paroissiale, sur la rue longeant à l'est le chœur de celle-ci. Aussi cette même rue, séparant l'église de la chapelle, tirait du voisinage de cette dernière le nom de *rue des Pénitents.*

C'est dans cette chapelle que furent faits le 20 novembre 1792, l'inventaire des registres de catholicité de la paroisse, qui devaient êtres remis à la mairie. Pendant que la cloche qui y servait pour convoquer les Pénitents était confisquée et envoyée au département,

(1) Archiv. de la Drôme, Visites de Die et fonds de Ste-Croix. — Mairie de St-Laurent, reg. de cathol. — CHORIER, Hist. de la maison de Sassenage, pp. 8, 54, 62 et 72-3. — BOISSIEU, De l'us. des fiefs, p. 130-2. — VINCENT, op. cit., p. 242-8. — Not. sur la famille Terrot, pp. 7, 50 et 103.

ainsi que la plus petite des deux de la paroisse, l'immeuble l'était pareillement, et le 21 novembre 1794 le conseil municipal arrêtait qu'il pouvait par sa situation servir de local pour le rassemblement des enfants des deux sexes appelés à s'instruire. Vendu bientôt après à Joseph Pailler, l'immeuble a successivement passé à divers propriétaires et servi de logement privé. Enfin, on y établissait naguère un atelier de fabrique à soie. On voit qu'il s'agit de la petite maison qui fait face au portail du jardin du presbytère.

Notre-Dame de la Garde. — Vers le milieu du XVIIe siècle avait été établie sur la rive droite de Cholet, entre le quartier de *Mey* et cette rivière, une fabrique à fer dite *des Martinets.* Nous avons vu plus haut qu'en 1675 les ouvriers de cette fabrique obtinrent contre des habitants de St-Laurent la fulmination d'un monitoire que M. Violier, curé, regardait comme plein de faussetés. Cette fabrique, qui paraît avoir appartenu alors aux Pères Chartreux de Bouvante (1), ou quelqu'autre située vers le même lieu, appartenait en 1741 aux sieurs Antoine et Joseph Blanc père et fils. Ceux-ci ayant de nombreux ouvriers et étant éloignés de l'église paroissiale, firent organiser une chapelle dans leur établissement, et obtinrent de l'évêque de Die l'ordonnance suivante :

« Daniel-Joseph de Cosnac, par la miséricorde de Dieu et la per-
« mission du Saint Siège apostolique Evêque de Die.....

« Veu la requête à Nous présentée par les s^rs Antoine et Joseph
« Blanc père et fils, propriétaires de la fabrique à fert de St-Laurent
« en Royans, de notre diocèse, disant que, mus par l'esprit de piété
« et de dévotion à la Ste Vierge, ils avoient destiné un batiment
« propre à former un oratoire et à y célébrer la Ste Messe, pour la
« commodité de sa famille et des ouvriers de sa fabrique, qui sont
« en grand nombre : c'est pourquoi ils nous supplient de dédier et
« consacrer à Dieu lesdits batimens et de permettre d'y célébrer la
« Ste Messe par un prêtre approuvé dans le diocèse ; que ledit lieu
« était orné décemment de tout ce qui est nécessaire pour la Sainte-
« Messe, ainsi qu'il parait par la visite dudit lieu, faite, en consé-
« quence de notre décret, par le sieur Charvet, curé d'Echevis,
« assisté du sieur Morel, curé dudit St-Laurent ; en outre, qu'ils
« avaient fait une fondation annuelle de la somme de six livres pour

(1) VINCENT, op. cit., p. 253 ; — Arch. de la Dr., fonds de la command. ; — Mairie de St-Laurent, délibérations.

« être employé à la célébration d'une messe basse tous les premiers
« lundis de chaque mois, à laquelle fondation ils ont affecté pour
« toujours et à perpétuité les fonds et batiments de ladite fabrique,
« ainsi qu'il parait par acte passé pardev^t Antoine Courtey, notaire
« du Pont en Royans, Nous requérrant en outre de faire bénir ladite
« chapelle, afin qu'on y puisse célébrer la Ste Messe. Ce considéré
« et le St Nom de Dieu invoqué, Nous avons accepté et acceptons
« ladite fondation, à la condition qu'à la diligence desdits s^{rs} Blanc,
« elle sera insérée dans nos registres, consacrons à Dieu et dédions
« ledit lieu sous le vocable de *Notre-Dame de la Garde*; permettons
« qu'il y soit célébré la Ste Messe à voix basse par un prêtre ap-
« prouvé par Nous, toutes et quantes fois que les s^{rs} Blanc le requer-
« ront, excepté les jours de Pâques, de l'Ascension, de l'Assomption
« de la Ste Vierge, de tous les Saints, de Noël et du patron de la
« paroisse ; n'entendons toute fois qu'il puisse être fait aucune fonc-
« tion curiale dans ladite chapelle ; ordonnons qu'elle sera bénite par
« ledit s^r curé de St-Laurent, que nous autorisons à cet effet ; vou-
« lons en outre que, ladite fabrique venant à être détruite, la fonda-
« tion susdite soit affectée à l'église paroissiale dudit St-Laurent ;
« pourra néanmoins ledit s^r Blanc et ses successeurs Nous présenter
« et à nos successeurs un prêtre pour la décertre desdittes messes.

« Fait à Die dans notre palais...., le 10 août 1741.

DE ZOMBERGHE, *vicaire général.*

« Par Monseigneur,

SCLAFER DE LA RODE, *secrétaire.* »

Un mois plus tard, le curé de St-Laurent bénissait la chapelle,
comme le prouve l'acte suivant :

« En qualité de commissaire commis par M. de Zomberghe, par
« décret à la requête à lui présentée par Mrs Blanc père et fils, en
« datte du 10 aout 1741, avons procédé a la bénédiction de ladite
« chapelle et des ornements d'icelle, assisté de M. Henri Julhian,
« curé de St-Martin-le-Colonnel, et en présence de s^r Jean-Baptiste
« Gaudo et de s^r Ennemond Gaudoz, s^r André Fauchier, qui ont
« signé conjointement avec nous commissaire député, le 11 sep-
« tembre 1741.

« Gaudo, Fauchier, Gaudo, Maurel, curé comm^{re}. »

La chapelle servit, en effet, à la famille Blanc et à ses ouvriers, et, le 30 avril 1765, le mariage de Dominique Blanc, fille de Joseph, avec Pierre Lombaud, originaire de Sieyes en Provence et habitant à Plan-de-Baix, fut béni dans la même « chapelle de la fabrique à fert » de St-Laurent, par Lombaud, curé de Plan-de-Baix, de l'agrément de M. Maurel, curé du lieu, présent à la cérémonie, avec M. François-Marie Arod, son vicaire (1). Mais pas d'autres souvenirs de ce monument religieux.

Chapelle de la Providence des Sourds-muets. — Par les soins et l'initiative de M. Champavier, curé de St-Laurent, un établissement dit *la Providence des Sourds-muets* avait été fondé dans le village vers 1865 et confié à une colonie des Sœurs franciscaines des Charpennes (Rhône), qui laissèrent l'établissement en 1868. Ce dernier fut confié la même année à d'autres franciscaines, celles de Calais, sous lesquelles il a continué à progresser, et qui en ont aujourd'hui la propriété.

Mais, aux maîtresses comme aux enfants de l'un et de l'autre sexe qui y reçoivent le bienfait d'une instruction chrétienne et littéraire, il fallait un service religieux spécial. Une chapelle, dédiée à St-François d'Assise, munie d'un vieux autel doré qui servait à la paroisse avant qu'on eût acquis le beau maître autel en marbre, et des objets les plus indispensables, fut organisée. Depuis plusieurs années, la construction d'un vaste local, au sud des bâtiments primitifs, a permis de le remplacer par une autre plus vaste et mieux assortie aux besoins d'une communauté réunissant deux classes séparées et distinctes d'élèves. Le service y est quotidien ; il est fait aujourd'hui par M. le Curé de la paroisse.

Notre-Dame de la Salette. — Pour satisfaire à la dévotion des Sœurs de la Providence de Corenc, alors institutrices communales de St-Laurent, et des autres personnes de la paroisse qui demanderaient des messes en l'honneur de Notre-Dame de la Salette, M. Champavier obtint vers 1866 l'érection d'une petite chapelle et d'un autel sous ce vocable dans un des appartements de ces Sœurs. Puis, la chapelle étant trop petite et de difficile accès au public, ces Sœurs, aidées de quelques pieux fidèles, ont fait construire en 1873 la magnifique chapelle monumentale en style roman qui est à l'angle nord-est de la maison d'école, et dont la fête patronale est le 19

(1) Mairie de St-Laurent, reg. de catholic. de 1741 et de 1765.

septembre. Elle fut bénite le 19 septembre 1874 par M. Champavier. Le digne curé prit dans cette longue cérémonie le germe de la fluxion de poitrine qui, neuf jours après, le ravissait à sa paroisse pour le donner au Ciel.

Enfin, signalons la belle statue dorée de la sainte Vierge, d'un mètre et plus de haut, reposant dans une niche vitrée encastrée dans le mur de l'ancienne maison Didier, au milieu du village. Elle fut achetée et placée là par Elisabeth Bodin, première femme de Victor Didier, quand celui-ci, en 1831 ou 32, reconstruisit sa maison, précédemment plus basse et munie d'une croix en bois à l'angle occidental.

V. — CONFRÉRIES.

Reinage. — Cette sorte de confrérie religieuse est une des mille formes revêtues par les associations chrétiennes jadis si chères à nos pères. Elle tire son nom des *roi* et *reine* qui en étaient en beaucoup d'endroits les premiers dignitaires. Quelque éphémère que fût cette royauté, elle ne laissait pas que d'investir de quelque dignité ceux qui en méritaient ou achetaient le titre.

Les *reinages* étaient fort connus en Dauphiné dès les premières années du XVIIe siècle, et l'on peut, sans trop de témérité, supposer que celui de St-Laurent date de plusieurs siècles, comme l'affirme M. Vincent.

Sans tenter de remonter ici aux siècles précédents, pour lesquels les documents font défaut, voici en quoi consiste le *Reinage* de St-Laurent, tel que l'ont toujours vu les vieillards d'aujourd'hui et que nous le montrent les registres des trésoriers de Fabrique.

Quand, à St-Laurent ou dans le voisinage, on veut obtenir de Dieu une grâce particulière pour soi ou pour d'autres, on fait vœu d'acheter à un prochain reinage, les hommes le titre de *roi*, de *dauphin* ou de *connétable*, les dames celui de *reine*, de *dauphine* ou de *connétable*, et cela, comme le remarque M. Vincent, « selon l'étendue et la mesure des moyens pécuniaires. » Le vœu est mis sous le patronage de la sainte Vierge, à qui l'offrande sera présentée au jour de la fête, non pas le premier dimanche de mai, comme dit M. Vincent, mais le troisième dimanche après Pâques.

Ce jour-là, il y a grande fête à St-Laurent. L'église y est pompeusement parée et devient insuffisante pour recevoir les pèlerins ou visiteurs affluant de tous les côtés. Aussitôt les vêpres terminées, un secrétaire prend place dans le chœur, autour d'une table, et se dispose à enregistrer le résultat de l'enchère. Le curé, du haut de la chaire, donne les avis opportuns et préside la formalité, nous allions dire la cérémonie. Sur une mise facultative du dernier titulaire, les prétendants font, de la place par eux occupée dans l'église, des offres successives dont la plus forte finit par être définitivement acceptée et enregistrée.

Après l'adjudication, le peuple défile et se range en procession, et les six dignitaires de l'année précédente, rangés deux à deux, ferment le cortège. Chacun d'eux tient à la main un petit pain surmonté d'une petite branche de laurier. Les six pains ont été préparés par la reine, déposés sur l'autel de la sainte Vierge, et bénis à la messe. Il en est de même de ceux qui seront, après la cérémonie, offerts au curé et aux autres assistants que les dignitaires en croient dignes, ainsi que du pain qui, découpé, est parfois offert à toute la population.

Au retour de cette marche triomphale à travers les rues du village, marche rehaussée par des chants sacrés en l'honneur de Marie, on donne la bénédiction du Très Saint-Sacrement ; puis, chacun se retire dans sa demeure, devisant sur les nouveaux élus et sur les émotions de la journée.

Le *Reinage*, dans tout ce qui le constitue, « ne renferme aucun élément de dissolution et de ruine ; il ne donne lieu à aucun abus ; les familles lui doivent d'agréables distractions, d'innocents plaisirs, et le budget de la fabrique quelques écus de plus (1). » A cela, ajoutons la protection de Marie qui ne fait jamais défaut à ceux qui recourent à elle. Par conséquent, rien de plus légitime que le désir de voir durer longtemps cette antique institution.

Passons aux confréries proprement dites.

Confrérie des Pénitents du St-Sacrement. — Les procès-verbaux des visites canoniques faites à St-Laurent en 1613 et en 1658 n'y mettent aucune confrérie. Mais, en 1679, M. Violier obtenait de l'ordinaire le brevet suivant :

« Daniel de Cosnac, Evesque et Comte de Valence et Dye, prince « de Soyons, Conᵉʳ du Roy en tous ses conseils, aux parrossiens et « habitants de St-Laurent-en-Royans, Salut en Notre Seigneur.

(1) Vincent, *Lettres histor.*, p. 249-50.

5

« Nous, apprennant vos pieux desseins, et apprès avoir veu la req^te
« qui Nous a esté présentée de vostre part pour avoir permission
« d'ériger deux confréries dans lad^e paroisse, l'une du Très St
« Sacrement de l'hautel, et l'autre de Notre Dame du St Rozaire,
« apprès avoir veu le consentement du s^r Violier, curé de lad. pa-
« roisse. Nous permettons à iceluy de faire led. establissement soubs
« nostre authorité, luy donnant pour cet effet le pouvoir nécessaire,
« à la charge toutefois que ce soit suyvant nos ord^ces et les statuts
« desd. confréries, et qui ont esté par Nous appreuvés dans les au-
« tres paroisses de nos diocèzes: Donné aud. Valence, dans nostre
« palais épiscopal, le quatorzième jour du mois de juin année mil
« six centz soixante-dix-neuf.

        ‑   « DANIEL DE COSNAC, E. et C. de Valence et Die.

(*Place du sceau*)   « Par mond. seig^r l'illustriss^e evesq. et comte,

            « VALETTE, b. s. »

Au dos de cette pièce, on lit ces mots : « Permission des confrairies
du St-Sacrement et du Rosaire de St-Laurent-en-Royans. » A un
autre endroit : « Fondation de la confrérie des Pénitents (1). »

Il paraît, par la comparaison de ces derniers mots avec ceux qui
précèdent et avec le corps du brevet, que la confrérie des Pénitents
fut la même que celle du St-Sacrement. En effet, tous les renseignements que nous allons mettre à profit parlent d'une seule et
même confrérie, celle des *Pénitents du St-Sacrement*.

Et d'abord, le 3 mai 1680, « monsieur m^re Jean Pourroy, sieur de
Brenières, » avocat en la Cour, habitant à Pont-en-Royans, et sieur
Léonard Bodoin, bourgeois « dud. lieu, iceluy faisant tant à son nom
que de noble Just Bodoin, conseiller du Roy, receveur général des
finances de Dauphiné, et pour noble Antoine Chosson, aussy conseiller du Roy, correteur en la Chambre des Comptes et Cour des
finances de Dauphiné, comme mary de damoiselle Paule Bodoin »,
vendirent à « la confrérie des Pénitens du St-Sacrement, nouvellement establye à St-Laurens », un « ténement de plassage de chazal
assis au bourg dud. St-Laurens. » Cette confrérie, qui voulait établir sa chapelle en ce *plassage*, fut représentée dans l'achat par Jean
Gachet, recteur, Jean Bodoin, vice-recteur, Marc Laurans, Louis et

(1) Brevet orig. papier.

Claude Fontaine, et Antoine Gastoud, membres de la même confrérie.

L'immeuble était de la directe du commandeur, à qui Jean Puisse, possesseur précédent, en avait fait reconnaissance en 1665. Le commandeur en ayant investi les Pénitents, ceux-ci y construisirent bien vite leur chapelle et en firent reconnaissance aux commandeurs en 1696, en 1719, en 1756 et en 1780, sous la cense de 3 deniers, avec plaid accoutumé. Pour indemniser la commanderie de la main-morte en laquelle l'immeuble était tombé, les confrères s'engagèrent, en 1780, à payer annuellement, outre la cense, 1 livre 2 sols tournois à chaque fête de Toussaint.

L'existence de cette confrérie est signalée dès 1687 par les procès-verbaux de visite épiscopale. Celui de ladite année l'appelle *confrérie des Pénitents blancs*. Celui de 1735 nous apprend qu'à « St-Laurent est » une chapelle sous le vocable « du St-Sacrement, servant aux frères et sœurs Pénitents et Pénitentes du Très-St-Sacrement, pour y réciter leur office. Ceux-ci se servent des règlements, statuts et office à l'usage des compagnies des Pénitents du Très-St-Sacrement de l'Autel, imprimés à Lyon en 1725. » Le prélat ordonne que Pénitents et Pénitentes continueront à se servir des mêmes statuts, règlements et office.

La confrérie des Pénitents exista jusqu'à la Révolution, et parmi les recteurs qu'elle eut à sa tête, nous trouvons, après Jean Gachet, en 1719 Pierre Jasselme, et en 1756 Claude Jasselme. Le 20 décembre 1780, les officiers de notre *confrérie des Pénitents blancs* étaient Jean-Baptiste Cluze, recteur, Joseph Chuilon, Claude Chuilon, Thomas Souffrey, François Mucel et Laurent Tourtel ; ils figurent comme tels dans leur reconnaissance dudit jour pour leur immeuble au commandeur d'alors, et l'acte fut fait dans la sacristie de leur chapelle.

La confrérie avait quelques charges ; il fallait notamment entretenir sa chapelle. Elle avait aussi quelques ressources. Celles-ci consistaient surtout dans les dons et legs de ses membres et d'autres personnes. Ainsi, nous possédons le testament par lequel « François Chaloin, de l'Art, mandement de St-Laurent », léguait, le 2 juillet 1762, la somme de 30 livres « à la confrérie des Pénitens dud. St-Laurens. »

Divers documents montrent que cette société a existé jusqu'à la Révolution. En 1792, elle faisait encore ses offices religieux dans sa chapelle à part, et avait également encore sa cloche à part, pour réunir ses membres (1).

M. Brun, curé, rétablit les Pénitents en 1847. Il leur assigna une place particulière dans l'église, ainsi que des jours et heures avant les offices paroissiaux pour réciter l'office de cette confrérie. Mais les vingt ou trente membres que notre digne pasteur avait groupés disparurent peu à peu sans se recruter, et vers 1856, la confrérie avait de nouveau disparu.

Sœurs Pénitentes. — Nous avons vu qu'en 1735 des Sœurs Pénitentes étaient réunies à la confrérie des Pénitents de St-Laurent. Ces Sœurs existaient encore en 1748 et même en 1768. Le 16 août de cette dernière année, « les Sœurs de la confrérie des Pénitentes » dud. lieu assistaient à l'enterrement de Catherine Maurel, sœur de M. Maurel, curé.

Confrérie du St-Rosaire. — En 1658, Daniel de Cosnac, en tournée pastorale à St-Laurent, constatait que l'église paroissiale n'avait aucune chapelle, mais qu'on y avait « depuis peu faict bastir un autel soubs le vocable » de Notre-Dame. Cet autel était un prélude à l'établissement d'une confrérie du St-Rosaire, autorisé par le brevet épiscopal de 1679 donné plus haut, et le 28 juin 1680 « damoiselle Honnorade Bleton, vefve de deffunt mettre Pierre Danglée, vivant notaire royal » de Pont-en-Royans, donnait la somme de trente livres « à la chapelle du Rosaire de la Ste-Vierge fondée dans l'église paroissiale de St-Laurens. » Cette somme, payable après le décès de la donatrice, devait être employée à « la réparation ou ornement » de cette chapelle. L'*Estat du diocèse de Die* de 1687 ne met à St-Laurent d'autre confrérie que celle des Pénitents ; mais un *Etat de la paroisse* de 1688 y place *la confrérie du St-Rosaire* (2), dont toutefois nous ne voyons plus trace jusqu'à l'établissement de dizaines du Rosaire vivant, vers 1840, et d'une confrérie du St-Rosaire pour les dames Cette dernière, tombée peu à peu, fut relevée par M. Champavier.

Confrérie de l'Immaculée-Conception. — Etablie vers le milieu de notre siècle en faveur des jeunes personnes, elle continue à faire le bien dans la paroisse, où existent en outre la confrérie du *Scapulaire* ou du *Mont-Carmel*, l'*Œuvre de la propagation de la foi*, etc.

(1) Mairie de St-Laurent, reg. de cathol. et délibér. municip. ; — Arch. de la Dr., fonds de la command. ; — Minut. cit., reg. *Billerey* de 1762-5, f. 53-4.
(2) Arch. de la Drôme, *Visites de Die*, fonds de Ste-Croix et de St-Laurent.

VI. — INSTITUTIONS CHARITABLES ET HOSPITALIÈRES.

Part des pauvres dans la dîme. — De tout temps l'Eglise a aimé les pauvres et leur a donné une part de ses revenus, notamment de la dîme, qu'elle perçut à peu près régulièrement à partir de la fin du VIII° siècle. Les pauvres de St-Laurent eurent certainement leur part des revenus bénéficiers du lieu jusqu'à la cession du bénéfice aux religieux chevaliers dont nous avons retracé l'existence à St-Laurent. Mais nous ne voyons pas que ceux-ci aient payé cette part.

Cette absence de payement n'est pas précisément le fait de la négligence. Elle résulte d'une exemption motivée par la destination, essentiellement charitable et hospitalière, de ces religieux, qui nous en fournissent un exemple à St-Laurent même, comme nous l'expliqueront bientôt.

Malgré cette exemption, André Tourtel, consul de St-Laurent, fit signifier, le 18 juin 1675, à François Courant, « rentier » du commandeur François d'Agoult de Seillon à St-Laurent, un arrêt du parlement de Grenoble concernant la taxe de la 24° partie des fruits décimaux pour les pauvres. Mais, le 6 août suivant, le commandeur rédigea une remontrance à ce consul ; il y fit observer que papes, rois de France, etc., avaient accordé à son Ordre exemption de cette taxe, et le 14 août 1675 cette remontrance fut signifiée au consul par un huissier. Plus tard, le 18 mars 1694, à la requête de « Gaspard de Glandève de Daubignos », chevalier de St-Jean de Jérusalem, commandeur de Valence, Jean Paléon, huissier, alla signifier aux officiers de la commune de St-Laurent en la personne de Pierre Gachet, consul, un « acte signé par led. commandeur, du 15 décembre dernier, les privilèges de l'Ordre de Malte accordés par le roi Henry au mois de juillet 1549, la confirmation desd. privilèges faite par Louis XIII au mois de janvier 1619, la confirmation accordée par Sa Majesté au mois de septembre 1651, et les arrêts énoncés aud. acte. » L'huissier fit ensuite au consul les sommations, réquisitions et protestations y contenues.

Le 26 août 1774, le parlement de Dauphiné rendit un arrêt ayant pour objet le payement, par tous les décimateurs, de la 24° due aux pauvres. Fauchier, consul de St-Laurent, fit remarquer cet arrêt à M. Mésangère, notaire à Valence, procureur du commandeur, et l'invita à avertir ce dernier d'avoir à justifier de son exemption à l'égard

de la 24ᵉ ; mais il attendit en vain pendant plusieurs mois les expli-
cations demandées. Aussi, le 16 janvier 1775, à sa diligence et au
requis du procureur général du parlement de Dauphiné, l'huissier
Sibeud sommait Thomas Souffrey, fermier du commandeur, et celui-
ci même, de « faire apparoir dans trois jours » des titres d'exemption, ou de liquider les arrérages de la 24ᵉ qui seraient dûs aux pauvres de St-Laurent. Le 30 du même mois, à la requête du commandeur, l'huissier Hezelin signifiait à Fauchier qu'il ne pouvait ignorer
les titres de l'Ordre à l'exemption de la 24ᵉ et oublier que ces titres
étaient en règle. Il lui rappelait quels étaient ces titres et lui laissait
copie d'un acte de Charles IX, roi de France, du 18 décembre 1566,
qu'on trouvait dans d'Escluseaux (Recueil des privilèges de l'Ordre,
pp. 56-7), et qui était décisif pour l'exemption (1).

L'exemption, qui dura autant que la dîme, était légitime ; mais on
comprend qu'aux derniers siècles les administrateurs de St-Laurent
n'en fussent guère contents.

Aumône des Templiers et Hôpital. — Ainsi que nous l'avons rapporté, les Templiers eurent à St-Laurent une maison et un établissement adjugés en 1312 aux Hospitaliers de St-Jean de Jérusalem.
Or, nul doute que les Templiers n'aient fait de leur maison au XIIIᵉ
siècle un lieu de charité envers les pauvres. On sait que Jacques de
Molay, leur dernier grand maître, pour défendre son Ordre, repré-
senta à ses juges qu'on ne faisait nulle part plus d'aumônes que
chez les Templiers, puisqu'on en faisait une distribution trois fois la
semaine dans toutes les commanderies.

On ne peut douter, non plus, que les Hospitaliers de Saint-Jean,
une fois en possession des biens des Templiers à St-Laurent, n'aient
longtemps pris sur les revenus de la commanderie pour donner soit
l'hospitalité aux pèlerins traversant la vallée de l'Isère, soit des secours aux pauvres du lieu. Cela aura duré jusqu'à l'époque où, les
responsions ou tributs des établissements particuliers payés au trésor commun de l'Ordre ayant augmenté avec les nécessités de la
guerre contre les infidèles, les petites communautés, notamment
celle de St-Laurent, s'éteignirent et leurs revenus furent unis à ceux
d'autres maisons (2). Ce sera donc au XIVᵉ siècle que la maison hospitalière de St-Laurent aura perdu son caractère d'hôpital.

(1) Arch. de la Dr., fonds de la commanderie. — *Recueil des Edicts... du parlement de Grenoble,* I, 530-2.

(2) *Bulletin de la Soc. d'archéol. de la Drôme,* I, 324-6 ; II, 47.

Pécule des pauvres. — Aux siècles passés, il n'y avait guère de testaments qui ne continssent des legs pour l'église et surtout pour les pauvres de la paroisse. Cette pratique, inspirée à nos pères par leurs sentiments chrétiens, existait particulièrement à St-Laurent. Les uns faisaient des legs purs et simples ; d'autres les faisaient conditionnels. De ces derniers fut, par exemple, le legs fait, le 18 juillet 1631, à l'église et aux pauvres de St-Laurent, par Antoine Odefrey, habitant de ce lieu, en cas d'extinction de ses enfants. En 1735, l'évêque en visite apprit du curé que feu Jean Pré avait légué aux pauvres du lieu un fonds dont ces pauvres ne jouissaient pas. « Sur quoi » s'étant « informé des administrateurs du bien des pauvres, » le prélat apprit qu'il y avait sur ce legs procès au siège de St-Marcellin, et que led. Jean Pré avait encore légué annuellement et perpétuellement aux pauvres dud. lieu 6 quartaux de blé pour leur être distribué à la porte de l'église le jour où l'on célébrait un anniversaire pour le repos de son âme, et que cette fondation était acquittée. Le prélat ordonna d'aviser à faire entrer les pauvres dans tous leurs droits.

Au même siècle, les legs et dons aux pauvres furent assez nombreux et gérés avec intelligence ; car nous voyons Pierre Lattier rembourser à ces pauvres une somme de 1,000 livres et des accessoires. Ces fonds remboursés devinrent un capital, qui ne tarda pas à augmenter ; car en 1807 ces mêmes pauvres avaient encore plusieurs titres auprès d'habitants et de la commune elle-même (1).

Bureau de bienfaisance. — Ce bureau, dont les premiers fonds furent peut-être l'avoir des pauvres dont il vient d'être parlé, existe depuis déjà de longues années. Mais il n'avait avant 1848 qu'un revenu fort mince. Le testament de M. Jean-Pierre Chuilon, dont il sera parlé plus loin avec quelques détails, à l'occasion des écoles dont la fondation en fait l'objet principal, a heureusement remédié à cette pénurie de ressources. Dès 1863, le bureau accusait une recette annuelle de 657 francs.

Société de Secours Mutuels. — Le 24 février 1861, sous l'inspiration et avec le concours de M. Champavier, dont le zèle pour les œuvres chrétiennes et humanitaires est si connu dans la Drôme et ailleurs, eut lieu dans la principale salle de la maison d'école de St-Laurent une réunion de cultivateurs, chefs-ouvriers et artisans

(1) Origin. papier de 1631 ; — Arch. de la Drôme, *visites* cit. ; — Mairie et délibérat. cit.

de cette commune, en vue de fonder entre eux une société de Secours Mutuels. Elle fut tenue sous la présidence de M. Jean-Luc Brenier, maire du lieu, assisté de M. Fortuné Belle, président de la Société de Secours Mutuels de St-Jean-en-Royans.

Des statuts préparés d'avance et de conformité au Décret organique du 26 mars 1852 et à celui du 26 avril 1856, y furent lus, examinés et adoptés. Ils comprennent 70 articles avec quelques dispositions générales. Ils indiquent d'abord le but de la société, qui est de donner aux sociétaires malades les soins du médecin et les médicaments, de leur payer une indemnité pendant leur maladie, de leur faire une pension de retraite, de pourvoir à leurs frais funéraires et à ceux de leurs épouses, et de protéger les orphelins que les sociétaires laisseraient à leur mort. Ils furent approuvés, le 5 janvier 1863, par M. le Marquis de Castellane, préfet de la Drôme, et imprimés en un livret de 24 pages par M. Céas, à Valence, en 1864.

Le premier président de la Société fut M. Louis Alléobert fils, capitaine de la compagnie des sapeurs-pompiers de la commune, nommé par décret du 16 juillet 1863 (1).

Après avoir fonctionné un certain temps et rendu quelques services, l'institution est tombée.

VII. — INSTITUTIONS SCOLAIRES.

Ecole primaire de garçons. — A « Claude Barric, maistre d'école » de St-Laurent, enterré au cimetière de ce lieu en 1656, succéda Claude Jasselme, qui y décéda en 1670 et fut enterré dans l'église et mis à la prière » par le curé. En 1706, les enfants de St-Laurent étaient assez assidus à l'école en hyver ; il y avait un maître d'école auquel on donnait 10 écus outre les rétributions des enfants, et qui s'acquittait passablement de son devoir. Puis viennent avec le titre de « précepteur de la jeunesse » audit lieu: Molard, en 1720; Antoine Prat, « natif de la Sale près de Briançon, » qui, arrivé à St-Laurent audit titre à la Toussaint de 1733, y mourait le 7 février suivant, à l'âge de 26 ans ; André Eustache, au poste en 1738 ; et Jean Clieu, « natif du Vilard-Magdeleine, paroisse de St-Chafray, diocèse

---

(1) *Société de Secours Mutuels... de Saint-Laurent-en-Royans...* (Statuts de la) Valence, Céas, 1864, in-12 ; — *Semaine du Dauphiné et du Vivarais*, 2 août 1853.

d'Embrun, » mort au poste à environ 44 ans, en 1753, année où St-Laurent inscrivait parmi ses charges locales de 1754 une somme de 75 livres pour *les gages du maître d'école*.

Joseph Rozaud, natif de Prêles, qui se maria à St-Laurent en 1777, y était alors précepteur, ainsi qu'en 1780 ; mais Antoine Voiron avait le poste en février 1790.

Les charges locales de la commune pour 1792 et pour 1794 ne contiennent rien pour l'école ; et cependant le 21 novèmbre de cette dernière année (1er frimaire an 3) le conseil municipal arrêtait que la chapelle des Pénitents pouvait servir de local pour l'école des enfants des deux sexes, et que l'instituteur aurait pour logement quelques pièces de la cure ; puis, le 3 février 1795 (15 pluviose an 3), il nomme instituteur Jean-Baptiste Juge, de St-Jean (1).

Depuis la Révolution, on trouve pour instituteurs : Regis Bel (1824), le Frère Mourret, Augustin Delbeaux (1832), et Louis-Hyppolyte Brichet, originaire de Bouvante, qui a tenu le poste depuis novembre 1835 jusqu'à août 1853, époque où chaque élève payait sa rétribution scolaire. En 1853, vinrent les Frères des Ecoles Chrétiennes, et l'enseignement fut gratuit. M. Brichet alla continuer 2 ou 3 ans l'enseignement à St-Thomas-en-Royans.

Quant aux bons Frères, voici la cause de leur arrivée :

Le 29 juin 1767 naissait à St-Laurent, de François Chuilon et de Marie Corrant, son épouse, gens honnêtes et pauvres, un enfant auquel on donna au saint baptême le prénom de Jean-Pierre.

Celui-ci alla encore jeune à Lyon, où il travailla quelque temps à la confection des étoffes de soie, et y épousa en 1804 Claudine Gallet. Héritier de ses première et seconde femmes, homme laborieux et économe, il put un jour se livrer à des négociations de quelque importance. Il réussit dans ses affaires et acquit une maison considérable, où il trouva, outre son propre logement, des appartements à louer à diverses personnes. Bref, en approchant de la fin de sa carrière, il était nanti d'une fortune considérable et surtout honnêtement gagnée.

N'ayant pas d'enfants, il voulut consacrer ses biens, en très grande partie du moins, à une œuvre de bienfaisance chrétienne ; et, comme à tous les cœurs bien nés la patrie est particulièrement

(1) Mairie cit., reg. de cathol., pièces div., délibér. municip. ; — Arch. de la Drôme, fonds de St-Laurent.

chère, il traça, le 17 octobre 1843, les lignes suivantes de sa propre main :

« Je soussigné Jean-Pierre Chuilon, natif de Saint-Laurent-en-Royans, Département de la Drôme, demeurant à Lyon, rue Bonne-veau, n° 12, déclare par le présent acte faire mon testament olographe. Je donne à la paroisse ou commune de St-Laurent-en-Royans, mon pays natal, tous mes biens présents pour être employés à l'éducation des enfants des deux sexes, les garçons par les Frères de l'Ecole Chrétienne, les filles par les Sœurs de la même Ecole Chrétienne, non seulement pour ceux de la paroisse, mais pour ceux des paroisses environnantes qui voudront les y envoyer. L'exécution de ses closes seront faites par MM. les fabriciens, sous la surveillance de Monsieur le Curé. »

Ici viennent quelques petits legs particuliers, après lesquels le testateur continue comme suit :

« Après la distribution de ses différents dons, Monsieur le Curé formera une bibliothèque de livres de piété et surtout ceux utiles aux enfants apprenant à lire, qui seront fournis à ceux qui n'auront pas des moyens ; les autres livres seront prêtés par Monsieur le Curé aux personnes qu'il croira en faire un bon usage. On fera un service solennel toutes les années, correspondant au jour de mon décès, et il sera donné à chaque prêtre des paroisses voisines qui y assistera la somme de cinq francs. Le surplus des revenus sera employé et distribué à l'entretien et décoration de l'église et distri-buer aux pauvres indigents de la paroisse, à commencer par ceux de ma famille à qui il sera donné le double des autres pendant la durée d'un siècle. »

Après de nouveaux petits legs particuliers, M. Chuilon continue ainsi :

« Il sera fourni un vicaire à Monsieur le Curé, pour l'aider dans son ministère, auquel il sera à louer une somme de cinq cents francs par année sur ma succession. »

Et, après quelques autres dispositions, le testateur date et signe de sa main, sauf à ajouter ensuite, le 18 novembre 1844, un petit codicile contenant ce qui suit :

« Mon intention est qu'après ma mort mon testament sera déposé au secrétariat de l'Evêché du diocèse de la paroisse de St-Laurent-en-Royans. Tous les ans, à une époque déterminée, mon Seigneur se fera rendre un compte exact de la distribution du revenu de tous mes biens, si l'application en est faite suivant mes intentions. »

Monsieur Chuilon mourut dans ces intentions le 30 novembre 1847, et les formalités relatives à son testament furent faites. Un long procès, amené par les prétentions d'un particulier, réduisit l'héritage de la paroisse à un capital d'environ 160,000 francs ; puis, la construction d'une maison pour les Frères et d'un local scolaire, avec d'autres dépenses, réduisirent encore ce capital à environ 133,000 fr.

Malgré les retards et les difficultés, les Frères des Ecoles Chrétiennes étaient installés à St-Laurent dans un local provisoire, et ouvraient leurs classes en octobre 1853.

Vers 1855, ils prenaient possession du beau local construit à l'entrée du village, vers le couchant.

Vers 1868, sous le Frère Pélusien, un petit pensionnat était organisé, mais pour disparaître deux ou trois ans plus tard, après de magnifiques succès.

Depuis lors, les deux classes de l'école primaire ont continué, du moins ; et l'enseignement y a été donné à la plus grande satisfaction des familles. Mais la laïcisation opérée vers 1886, en vertu des nouvelles lois scolaires, a privé St-Laurent de ses instituteurs congréganistes.

Ecole primaire de filles. — Après avoir arrêté, le 21 novembre 1794, que la chapelle des Pénitents pouvait servir de local aux enfants des deux sexes appelés à s'instruire, le conseil municipal de St-Laurent nommait pour institutrice, le 3 février 1795 (15 pluviose an 3), la citoyenne Antoinette Paganon, de ce lieu.

Donnée ensuite par diverses institutrices laïques, notamment par Marie Chuilon vers 1825, l'instruction des filles trouva enfin dans les religieuses de la Providence de Corenc (Isère), avec une direction et des soins aussi intelligents que chrétiens, cette stabilité et cet ensemble de bonnes conditions que garantissent les institutions religieuses. Voici comment fut fondée notre école.

Il y avait à St-Laurent une famille honorable et profondément chrétienne, du nom de Fontaine.

Tandis que le fils aîné de cette famille, M. Joseph Fontaine, méritait par son intelligence et son dévouement d'être appelé aux fonctions de maire dans sa commune natale, deux de ses sœurs, Jeanne-Marie-Philippine et Thérèse entraient dans la congrégation des religieuses de la Providence dont la maison-mère est à Corenc

(Isère). On sait qu'une fin essentielle de cette congrégation est l'instruction des jeunes filles.

M. Lyon, curé de Saint-Laurent, connaissant le bon esprit et les talents de ces religieuses, songea à doter sa paroisse d'un petit établissement qui leur serait confié et où les jeunes filles de St-Laurent seraient appelées à s'instruire. Mais pourquoi les demoiselles Fontaine, en religion Sœur Marie et Sœur Thérèse, qui enseignaient à Rencurel, ne seraient-elles pas mises à la tête de la maison à créer ? Et puis, ne pourrait-on pas obtenir de la communauté qu'une partie de leurs dots fût employée à la fondation ? Tout alla selon les vœux de l'excellent curé.

Le 24 septembre 1735, devant Monteil, notaire à St-Jean-en-Royans, M. Joseph-André Tortel, propriétaire et maire à Saint-Laurent, vendait à demoiselle « Jeanne-Marie-Philippine Fontaine, religieuse de l'ordre de la Providence de Grenoble, habitante au Pont-en-Royans, » et en religion Sœur Marie, une pièce de terre et pré située près et au nord-ouest du village et mesurant 27 ares 79 centiares. Le prix fut de 3,000 fr. dont 1,000 payés comptant et le reste payable par la demoiselle Fontaine deux ans après, avec intérêt à 5 %. M. Lyon fut un des témoins de l'acte.

Aussitôt l'acquisition du terrain faite, M. Joseph Fontaine s'occupa, au nom de sa sœur, de la construction de la maison carrée qu'on voit aujourd'hui à l'entrée du village. Bientôt les sœurs Marie et Thérèse s'y établissaient et y donnaient, avec l'aide des compagnes nécessaires et moyennant une rétribution convenable, l'instruction aux jeunes filles de la paroisse. Un petit pensionnat y réunit même des demoiselles d'ailleurs.

Dans cet état de choses, les religieuses appelées à St-Laurent par le testament de M. Chuilon étaient trouvées et arrivées d'avance. Non seulement les bonnes Sœurs acceptèrent les nouvelles conditions qui leur furent offertes, mais elles assurèrent à la paroisse la possession de leur maison et de ses dépendances pour tout le temps que leur congrégation donnerait l'enseignement dans le pays. Dès 1852 leur école fut donc gratuite, et Sœur Marie la dirigea encore deux ou trois ans. A sa mort, Sœur Thérèse lui succéda. Puis, vers 1875, cette dernière alla à son tour recevoir dans le sein de Dieu la récompense de ses bonnes œuvres.

Nos Sœurs de la Providence continuaient leur œuvre à St-Laurent, quand vers 1889, la laïcisation de l'école communale amena leur départ.

Providence des Sourds-muets. — Cette œuvre est certainement
une de celles de la vie et du zèle de M. Champavier dont les fruits
sont et seront les plus remarquables. Elle fut fondée vers 1865, dans
des circonstances providentielles dont le zèle de ce bon curé sut parfaitement profiter. Elle consiste dans un asile où l'instruction et
l'éducation chrétiennes sont gratuitement offertes aux enfants sourds-
muets des deux sexes.

Confiée d'abord à des Tertiaires franciscaines de la maison des
Charpennes de Lyon, elle réunit en moins de trois ans une quaran-
taine de ces pauvres enfants. C'était presque au-delà de ce que pouvait contenir un local alors exigu, et de ce qu'on pouvait entretenir
avec les ressources envoyées au jour le jour par la charité chrétienne.
Et cependant, grâce aux encouragements de l'autorité supérieure, à
la sage prévoyance du curé, au zèle admirable de son vicaire,
M. Clair, et au dévouement des bonnes Sœurs, cette charité suffit à
tout.

Toutefois, au moment où la nouvelle *Providence* semblait affran-
chie des difficultés inséparables du berceau de toute œuvre chrétienne, elle se vit assaillie par une tempête. Le vénérable fondateur
resta calme et ferme dans sa confiance en Dieu. Il disait aux personnes qui partageaient sa peine : « Quand nous aurons fait tous nos
efforts, si Dieu veut que l'œuvre subsiste, il la fera triompher. »

M. Champavier fit appel à la congrégation des Franciscaines de
Calais, qui acceptèrent la direction de la *Providence* ; et, en novembre 1868, six d'entre elles allaient prendre possession du nouveau
poste.

Depuis lors, toutes choses ont progressé. L'achat d'un local voisin de l'établissement a permis d'accepter un nombre sensiblement
plus considérable d'enfants ; la renommée attirée à la maison par les
résultats admirables qu'on y obtenait a augmenté le nombre des
bienfaiteurs ; le nombre des religieuses elles-mêmes a dû s'accroître.
Puis, la maison se trouvant de nouveau trop étroite devant les de-
mandes toujours plus nombreuses d'admissions, on songea à acquérir
un terrain plus considérable et à construire un nouveau local. Déci-
dément, les quêtes et la charité ne pouvaient pas suffire à cette en-
treprise grandiose. Les Franciscaines de Calais trouvèrent ailleurs
les ressources nécessaires, et vers 1880 un local ample et monu-
mental était prêt à recevoir les principaux services de l'établissement.

Hélas ! au deuil causé en 1874 par la mort de M. Champavier,

s'ajoutait un nouveau deuil bien attristant pour le personnel tout
entier. M. l'abbé Clair, à qui avait été confiée la direction religieuse
de la maison et dont le zèle intelligent avait tant contribué à la prospérité de l'œuvre, rendit sa belle âme à Dieu le 6 mars 1879, à l'âge
de 41 ans. Heureusement, M. Chaix, qui avait succédé à M. Champavier dès les premiers mois de 1875, et qui n'avait pas attendu la
mort du regretté aumônier pour donner à la maison des preuves de
son dévouement, continua à travailler à sa prospérité. Le curé suivant, M. Escoffier, y a travaillé à son tour et avec un zèle que fait
parfaitement revivre le curé actuel, M. Clapier.

L'établissement contient aujourd'hui 160 élèves, dont 60 garçons
et 100 filles. Les religieuses directrices sont au nombre de 18.

Ecoles de hameaux. — Outre les écoles communales laïques du
village, qui ont remplacé celle des Frères et celle des Sœurs, Saint-
Laurent a depuis quelques années deux écoles communales mixtes.
L'une de ces dernières est à Laval, l'autre sur la montagne de l'Alp.

VIII. — Anciens prieuré, église et paroisse de Laval.

On sait que le Royans est borné au levant et au midi par des
montagnes dans lesquelles les antiques révolutions du globe qui les
produisirent ont ménagé de profondes découpures. Celles-ci sont
autant de vallées dominées par des crêtes et rochers nus où se des-
sinent admirablement des couches géologiques disloquées et entr'ouvertes vers la fin de la période secondaire. Choranche et Echevis
sont les plus connues. Une autre, aussi large, guère moins longue, et
située plus au midi, est traversée par la rivière du Cholet, qui se
jette dans la Lyonne, après avoir séparé St-Laurent de St-Jean-en-
Royans, et à 5 kilomètres environ après sa sortie de la vallée. Le
flanc droit de cette *vallée*, connue sous le nom un peu générique de
Laval (la val, la vallée, *vallis*), fait partie de temps immémorial du
mandement de Pont-en-Royans, et apparaît au XVIe siècle comme
un membre de la communauté civile de St-Laurent. Le flanc gauche,
beaucoup moins important et moins habité, à cause de la proclivité
extrême du terrain, dépendait au contraire du mandement de St-
Nazaire et de la communauté civile de St-Jean-en-Royans.

Au point de vue religieux, les deux flancs, Laval dans son ensemble, ont fait néanmoins un corps unique, distinct des paroisses voisines, même de celle de St-Laurent, dont nous avons parlé en fai-

sant, pour ce motif, abstraction de celle de Laval. Toutefois, depuis
bientôt un siècle, le flanc droit et principal de celle-ci a été rattaché à
la paroisse de St-Laurent, tandis que le flanc gauche, où n'existent
que trois maisons, l'a été à celle de St-Jean.

Nous trouvons le passé religieux de Laval fort intéressant, même
après avoir élagué, des souvenirs qu'il offre, un assez grand nombre
de traditions qui ne supportent pas l'épreuve d'une critique sérieuse.

Il est certain qu'en nulle paroisse du voisinage n'ont été découvertes autant de tombes gallo-romaines qu'à Laval. Plusieurs
personnes âgées de ce lieu nous ont certifié avoir trouvé des cercueils à auge en pierres de tuf bien ajustées, cercueils contenant
parfois des ossements d'une grandeur remarquable. Ces monuments
étaient à *Godemard*, entre le rif *Guillot* et le rif *Fontfroide*, au jardin
et à la terrasse de la fabrique à soie, au chemin montant à celle-ci,
sous la maison dite *la cure*, et au-dessous du chemin qui longe cette
dernière. Or, ces emplacements environnent précisément celui où
s'est élevée depuis de longs siècles une église dédiée à saint Mémoire,
lequel était patron de la vallée, appelée pour cette raison *Laval-
Saint-Mémoire* dès le commencement du XIIIᵉ siècle (1) et probablement bien avant.

Nous ne pouvons dire avec certitude lequel des saints de ce nom
les habitants de notre humble vallée eurent pour patron devant
Dieu (2), mais nous pensons que ce fut saint Mémoire (*Memor*), évêque de Canosa, ville de la Terre de Bari, dans l'ancienne Pouille,
province de l'Italie méridionale.

On a sur la vie de ce bienheureux évêque quelques détails que les
Bollandistes ont publiés avec ceux qu'ils possédaient sur la vie de
saint Rufin, son prédécesseur dans l'évêché de Canosa. Saint Mémoire assista comme évêque de Canosa aux conciles tenus à Rome

---

(1) CHEVALIER, *Notice sur la chartr. du Val-Ste-Marie*, dans le *Journal de Die*,
30 août et 29 novembre 1868.

(2) On connaît saint Mémoire martyrisé, en 451, au Breuil (Marne), et honoré le
7 septembre (c'est le même que le Martyrologe romain appelle Nemorius) ; saint
Mémoire, confesseur à Périgueux et honoré le 26 mai ; saint Mémoire, prêtre
d'Auxerre en Bourgogne (coopérateur dans la construction de l'église de Saint-
Christophe martyr, de saint Optat évêque d'Auxerre, lequel mourut vers 530),
honoré le 21 août. (BOLLAND., *Act. Sanctor. septemb.*, tom. III, 68-72 ; *maii*, t.
VI, 370 (édit. 1688) ou 367 (édit. Palmé) ; *aug.*, t. VI, 680-2).

On connaît aussi saint Mémoire, évêque de Canosa, dont il est question au
texte.

le 23 octobre 501 et en 502, ainsi qu'à un autre tenu en la même
ville de Rome un peu plus tard, mais du temps du pape Symmaque.
Sa mort eut lieu vers l'an 514. Assez longtemps après, la ville de
Canosa ayant été détruite ou au moins occupée par des ennemis,
son siège épiscopal fut transféré à Bari. Ce double événement engagea Angelaire, évêque de cette dernière ville de 845 à 868, à trans-
férer de Canosa à Bari les corps de ses trois saints prédécesseurs,
Rufin, Mémoire et Sabin. Le transfert accompli, les corps saints
furent placés sous l'autel d'une église de Bari, où on les cherchait
plus tard. Mais on ne trouve aucune indication sur le jour où saint
Mémoire aurait été honoré. Les Bollandistes ont soin de nous avertir que cette absence d'indication les a seule engagés à mettre les
notions qu'ils avaient sur sa vie au 9 février, afin qu'il y fût en compagnie de saint Sabin, son successeur (1). Rien, d'ailleurs, dans les
notions des Bollandistes, ne nous apprend comment le culte ou les
reliques de saint Mémoire auraient passé de la Pouille dans nos
contrées (2).

Mais à quelle époque et par qui la petite église de Laval a-t-elle
été construite ? Quand fut-elle dédiée à saint Mémoire ?

Nous nous garderons bien de répondre à ces intéressantes ques-
tions par un récit basé uniquement sur l'imagination ou sur les données, évidemment fausses, de la tradition locale. Bien en dehors de
leurs suggestions, surtout de celles de la tradition, qui ici nous est
plutôt contraire, nous croyons que l'église aura été construite vers la
fin du XIe siècle. Nous pensons qu'elle fut dédiée à saint Mémoire
et que ce saint fut donné pour patron à la vallée à l'occasion de quelque déposition des reliques du même saint dans l'église de Saint-
Nicolas de Bari et du pèlerinage très fréquenté dont cette dernière
resta si longtemps et est encore le but. Nous croyons de plus que
cette construction, cette dédicace et le choix de ce patronage furent
l'œuvre des religieux ou chanoines réguliers de Sainte-Croix, près

(1) BOLLAND., *Act. Sanctor. febr.*, t. II, 300-1.
(2) Un mémoire rédigé en 1679 par un des religieux Antonins de Pont-en-
Royans, alors décimateurs de Laval-Saint-Mémoire, dit que notre saint est « saint
Mémoire, évêque d'Apouille ». Evidemment il s'agit ici de notre évêque de Canosa dans la *Pouille*. D'autre part, parmi les objets possédés naguère par l'église
de Laval, nous avons vu une bannière représentant, d'un côté, saint Mémoire vêtu
en évêque, portant à son front l'index de la main droite, et menant de la gauche
un petit enfant ; de l'autre côté, saint Mathieu, apôtre et évangéliste, fêté autrefois à Laval, le 21 septembre.

Die. Voici, faute de preuves péremptoires de notre dire, les raisons sur lesquelles il s'appuie :

La situation des cercueils à auge en tuf dont nous avons parlé quelques lignes plus haut indique certainement des tombes chrétiennes pouvant remonter au VIIIe siècle et antérieures pour le moins au XIVe. Le nombre relativement considérable de ces tombes auprès de l'église de Saint-Mémoire n'autorise évidemment pas à dire, comme le voudrait une tradition locale, que Laval a été habité avant les paroisses voisines ; mais on peut sans témérité y voir la confirmation d'une autre tradition locale, portant que jadis on venait enterrer à Laval de diverses parties du Royans. On sait l'intérêt avec lequel les fidèles demandaient à être ensevelis auprès de certaines églises et de certains monastères. La ferveur et le renom de certaines maisons religieuses étaient pour les fidèles des motifs de choisir leur sépulture dans les églises ou les cimetières de ces maisons et d'acquérir un droit particulier aux suffrages des religieux qui les habitaient. Or, il y eut jadis au midi de l'église de Laval une *cellé*, un petit monastère, dont le chef fut plus tard qualifié de prieur ; et cet établissement religieux était, à notre avis, une dépendance du Chapitre régulier ou abbaye de Sainte-Croix-en-Quint.

En effet, ce Chapitre, dont la fondation remonte au moins au XIe siècle, eut de fort bonne heure de nombreuses dépendances dans son voisinage, du côté du Royans et du Vercors. Dès 1104, il avait à Pont-en-Royans l'église de Saint-Pierre et un certain nombre de ses chanoines ou religieux. En 1104 même, on lui donnait les Ecouges, quartier montagneux faisant aujourd'hui partie de la commune de Saint-Gervais (Isère). Au XIIIe siècle, on trouve en sa possession, avec la maison de Pont-en-Royans, alors qualifiée de prieuré, les prieurés de Saint-Martin-en-Vercors, de Vassieux, de Saint-Julien-en-Quint, de Saint-Marcel-du-Chastel situé dans la ville de Die, de Véronne, etc. Plusieurs de ces prieurés étaient chargés de desservir, outre l'église paroissiale de leur propre localité, de simples églises paroissiales de leur voisinage. Ainsi, le prieur de Saint-Martin-en-Vercors était chargé de celle de ce lieu et de celle de Saint-Julien-en-Vercors. Le prieur de Pont-en-Royans avait aussi sous sa dépendance plusieurs églises du voisinage antérieurement à l'union du monastère de Sainte-Croix aux hospitaliers de Saint-Antoine de Viennois, union faite par l'évêque de Die, le 28 octobre 1289. C'est ce que nous apprennent expressément des actes

6

du XIIIe siècle. D'après un de ceux-ci, en 1285, Didier de Sassenage, viguier de Romans et prieur de Pont-en-Royans, promit au prieur de Sainte-Croix de faire desservir l'église du Pont *et les autres églises appartenant audit prieuré* du Pont par les chanoines et serviteurs demeurant en ce même prieuré ; il s'engagea pareillement à pourvoir ces chanoines et serviteurs de la nourriture, du vêtement et de toutes les choses accoutumées dans lesdits Ordres de Ste-Croix et prieuré du Pont. Ces actes ne spécifient pas ces églises dépendantes du Pont, mais des documents postérieurs à l'union du 28 octobre 1286 nous montrent expressément comme appartenant aux Antonins du Pont et desservies par leurs soins les églises de Choranche, de Châtelus, d'Echevis et de Sainte-Eulalie. Quant à l'église de Laval-Saint-Mémoire, elle était trop éloignée du Pont pour que les chanoines de ce lieu pussent la desservir. On la confia à un chanoine spécial qui y résida et eut le titre de prieur. Mais, pendant le XIIIe siècle, à la petitesse du lieu, à l'importance minime de son prieuré, et au chiffre extrêmement restreint de la population paroissiale, s'ajouta la décadence des chanoines de Sainte-Croix. Ce fâcheux état de choses amena les chanoines à laisser le prieuré et à rattacher Laval-Saint-Mémoire à la paroisse de Sainte-Eulalie. C'était tout ce qu'ils pouvaient faire de mieux, puisque Saint-Laurent, qui séparait les deux localités, avait passé des chanoines de Romans aux Templiers, pour passer ensuite de ceux-ci aux Hospitaliers de Saint-Jean. Peut-être même Laval resta-t-il complètement abandonné par les chanoines comme bénéfice et comme paroisse, et ses rares habitants furent-ils obligés de recourir au ministère des prêtres de Saint-Jean et surtout de Saint-Laurent-en-Royans. C'est ce que semble prouver l'absence de toute mention de prieur ou de curé du lien susdit dans les documents connus antérieurs au XVe siècle et même dans des pouillés de décime papale rédigés vers 1375. En effet, ceux-ci mentionnent tous les autres bénéfices même minimes des diocèses de Die et de Grenoble, notamment les cures, d'ailleurs non taxées, de Ste-Eulalie, d'Echevis et de Châtelus, et la cure taxée de Choranche (1) ; pourquoi y aurait-on omis le prieuré ou la cure de Laval, si ceux-ci ou seulement un d'eux avaient existé ?

Quoi qu'il en soit, dès le commencement du XVe siècle, le prieuré de Saint-Mémoire figure parmi ceux de l'archiprêtré de Crest dans

---

(1) U. CHEVALIER, *Polyptic. Dien.*, n. 124, 156, 255-7 ; *Polyptic. Grationop.*, n. 245. — MARION, *Cartul. S. Hugues*, p. 279.

les pouillés ou rôles des taxes de visite et procuration épiscopales.
Mais, chose singulière, et que nous explique l'état d'oubli où était
longtemps resté ce pauvre petit prieuré, le rédacteur du rôle de 1415
y laissait en blanc le mot *Mémoire*, faute de savoir le lire dans les
rôles antérieurs, de sorte que nous avons eu besoin des rôles suivants pour savoir de quel prieur il s'agissait dans l'article en question. Au surplus, la cotisation vraiment minime de 18 gros par an
montre l'extrème pauvreté du bénéfice, et les 3 florins dus pour arrérages de 2 années ne prouvent pas que le prieur eût été exact à
payer ses dettes. Encore le cotisateur de 1415 fut-il amené à allé-
guer une *vacance* pour justifier le non payement de la taxe au temps
du receveur Morand, c'est-à-dire vers 1410.

Le compte rendu par Guillaume Pierre, receveur de la même taxe,
pour les années 1449 et 1450, marque encore pour notre Saint-
Mémoire 18 gros par an ; mais le receveur y *demande qu'on lui dé-
duise pour l'église de Saint-Mémoire en Royans, vu l'ordonnance en
levant la taxe, comme il conste par de précédents comptes, les 18 gros
annuels qu'elle faisait avant cette ordonnance, ce qui monte en tout à
3 florins de déduction.* Cela suffirait à expliquer le mot *vacat* mis en
marge de l'article du prieur de Saint-Mémoire dans un rôle de taxe
de visite de 1451, où ce prieur figure en effet entre les quelques bénéficiers qu'aucune note n'indique avoir payé (1).

Mais à qui les documents du temps attribuent-ils la possession
du prieuré de l'église de Saint-Mémoire ? C'est ce que vont nous dire
les actes qu'il nous reste à exploiter.

En 1453, ou mieux en 1454 selon notre manière actuelle de compter,
le 6 mars, nobles Jean et Antoine Bayle frères, de Pont-en-Royans,
vendirent au prieur et aux autres serviteurs de l'église du Pont,
pour le prix de 100 florins livré antérieurement, une pension annuelle et perpétuelle de 5 florins, hypothéquée sur un fonds que les
vendeurs avaient à Sainte-Eulalie. Or, le contrat fut passé entre les
frères Bayle et vénérables et religieux hommes frères Pierre Cha-
pouton, prieur de Valchevrière, et Guillaume Chaléon, procureur et
économe, prieur de Saint-Mémoire et curé de Sainte-Eulalie-en-
Royans, serviteurs de ladite église du Pont, agissant pour le prieur
du Pont, eux et les autres serviteurs de la même église. L'acte fut
passé au-delà du pont de Romans, c'est-à-dire *au Péage* (2).

(1) Arch. de la Drôme, pouillés de Die.
(2) Arch. cit., E, 2301, reg. *Rollandi*, f. 124.

C'est donc, comme nous l'avons supposé plus haut, des religieux de Pont-en-Royans que dépendaient le prieuré et l'église de Laval-Saint-Mémoire (1), sur lesquels nous avons désormais des renseignements aussi nombreux qu'intéressants.

Et d'abord, c'est une chose passablement significative que la manière dont ce lieu est mentionné dans un *État des revenus de l'évêché de Die* rédigé vers 1475. Dans le chapitre des curés des quatre archiprêtrés du diocèse servant des cens à l'évêque, on trouve indiqués 92 curés portés pour des cens variés ; puis après les curés du quatrième et dernier archiprêtré, qui est celui de Crest, arrive, non pas le curé de Saint-Mémoire, mais *Saint-Mémoire-en-Royans* lui-même, c'est-à-dire l'endroit, porté pour 2 sous de cens, comme bon nombre de curés. Cela vient tout simplement de ce que le bénéficier de Saint-Mémoire, curé de Sainte-Eulalie, était porté déjà pour un cens de 2 sous à raison de ce dernier titre (2).

(1) Il est vrai que la possession du prieuré de Laval-Saint-Mémoire au XV⁺ siècle par les religieux de Sainte-Croix ou du Pont, n'est pas à elle seule une preuve que ceux-ci en aient été les fondateurs et les continuels possesseurs. Mais qu'il est difficile d'attribuer le bénéfice à d'autres ! D'abord, la qualification de prieuré donnée à ce bénéfice dès 1415 prouve que Laval a eu antérieurement un petit prieuré forain. De quelle abbaye, ou de quel prieuré conventuel, aura-t-il dépendu ?

D'après des mémoires de 1654 et de 1679, rédigés par les Antonins du Pont, ceux-ci soupçonnaient que Laval aurait été jadis détaché de Saint-Laurent et aurait par conséquent appartenu aux Hospitaliers. Il suffit de répondre que les mémoires n'allèguent aucun renseignement à l'appui, et que les Hospitaliers n'avaient pas des prieurés de cette sorte.

En 1749, un autre Antonin, contredisant ses anciens confrères, affirmait que l'église de Laval avait appartenu « anciennement aux Bénédictins », et cela « plus de quatre cens ans » auparavant. Rien absolument ne prouve la vérité de ce dire, qui d'ailleurs n'a en soi rien de bien opposé à notre récit, puisqu'en 1278 les chanoines de Sainte-Croix promettaient au comte de Valentinois de rester soumis à l'abbaye d'Aurillac et à la règle de saint Benoît (Arch. de l'Isère, B, 3536). Quant aux autres congrégations bénédictines, comme Cluny, Tournus, l'Ile-Barbe, la Chaise-Dieu, etc., qui avaient des dépendances en Dauphiné, et dont nous avons des pouillés complets et détaillés, elles n'ont certainement jamais possédé Laval-Saint-Mémoire. Parmi les congrégations bénédictines, il en est une surtout qu'on pourrait soupçonner d'avoir fondé et possédé notre prieuré ; nous voulons parler de celle de Montmajour près d'Arles, qui eut un bon nombre de prieurés dans le Royans, notamment celui de Saint-Jean. Aussi un auteur récent a-t-il cru que Laval-Saint-Mémoire « dépendit tout d'abord de l'ordre de Saint-Benoît et de l'abbaye de Montmajour. » (*Diction. topograph. de la Drôme*, mot *Laval*). Mais les pouillés très détaillés de Montmajour aux XII⁺ et XIII⁺ siècles ne le mentionnent pas. (Voir nos *Colonies dauphinoises de l'abbaye de Montmajour*).

(2) *Bulletin historique et philologique du Comité des travaux historiq. et scientifiques*, année 1890, p. 33.

Services et taxes de diverses sortes, voilà en très majeure partie les charges du prieur de Laval-Saint-Mémoire. Mais quels étaient ses revenus ? Les voici indiqués, en très majeure partie aussi, dans un acte de 1511 :

Il y avait différend entre frère Jean Doyon, curé de Sainte-Eulalie, et Ponçon Mionnet, Jean Rousset autrement dit Guillot, Jean Pascalet autrement dit Coquet, et Guillaume Algoud, paroissiens et habitants de Laval-Saint-Mémoire. Doyon, comme curé et recteur de Saint-Mémoire, demandait auxdits paroissiens la vraie dîme des blés, légumes, chevreaux, agneaux, chanvre, et autres choses, à lui due à la cote 10ᵉ, tant pour les terres accoutumées que pour les nouvelles. Les paroissiens répondaient qu'ils avaient coutume de payer la dîme des blés à la cote 25ᵉ, et rien pour les agneaux, chevreaux et chanvre. Cependant les parties voulaient éviter un procès. A cet effet, le 5 juin 1511, on chargea Mathieu Chaléon, sacristain de Pont-en-Royans, noble François Izerand, et noble Jean Bayle, châtelain dudit Pont, de décider l'affaire, ce que ceux-ci firent ainsi :

La dîme du blé et des légumes sera payée à la cote 18ᵉ, sans distraction de droit de culture, de semence ou de cense, et ce tant des terres accoutumées que des nouvelles ; de même pour le vin, excepté celui des arbres. La dîme des chevreaux, des agneaux, des pourceaux et du chanvre sera payée à la cote 13ᵉ, à condition que, s'il n'y en a pas sept, on sera quitte envers le curé pour 2 deniers par tête ; s'il y en a 7 ou plus, le curé pourra compter et attendre qu'il y en ait 13 ; depuis 13 jusqu'à 18, on payera le surplus des 13 à 2 deniers par tête ; enfin de 19 à 26, le curé pourra compter le surplus des 13, pour attendre qu'il y ait pour un second 13ᵉ. Lesdits paroissiens feront faire « un tranchis » à l'église Saint-Mémoire d'ici à un an. Chaque partie payera ses dépens. Réserve est faite par le curé de l'approbation de la transaction par qui de droit, notamment par le commandeur de Sainte-Croix et le prieur du Pont, auxquels il doit la soumettre d'ici à un mois. L'acte fut fait aud. Pont, dans la maison du seigneur du lieu appelée *Le Ratier*.

Depuis lors le curé de Sainte-Eulalie resta chargé de Laval-Saint-Mémoire, qui ne figure ni comme prieuré, ni comme cure, ni même comme simple chapellenie dans les pouillés de décimes de 1516 et de 1570 (1).

_____

(1) Arch. de la Drôme, fonds de Sainte-Croix, et pouillés de Die.

Du reste, dès le milieu du XVIe siècle commencent les guerres sus-
citées par le protestantisme ; Laval est, comme tant d'autres lieux,
victime des mensonges de l'hérésie ; malgré son isolement, il est
rançonné par les gens de guerre. La nef de l'église est à moitié rui-
née, et le sanctuaire réduit au délabrement, sinon violemment, du
moins par le fait de l'abandon. Enfin, un voisin nommé Tourtel,
devenu huguenot , s'adjuge le cimetière pour agrandir son pré
attenant.

Après les guerres, le culte est rétabli à Saint-Laurent et à Sainte-
Eulalie. Mais les habitants de Laval, peu nombreux et pauvres, tout
en payant la dîme au prieuré du Pont, légitime bénéficier, se con-
tentent pendant assez longtemps d'aller aux offices à Saint-Laurent
et de recevoir du curé de ce lieu les secours de la Religion.

Cependant, sur des réclamations légitimes, l'évêque, en visite
canonique dans la paroisse de Sainte-Eulalie, ordonnait par provision, le 22 octobre 1642 : qu'un curé résiderait à Sainte-Eulalie et
aurait les dîmes de ce lieu et de Laval-Saint-Mémoire jusqu'à con-
currence de sa congrue ; que ce curé irait dire la messe de trois en
trois semaines et administrer les sacrements aud. Laval, et qu'il
ferait un inventaire des meubles et de l'état de l'église de ce dernier
lieu ; que celle-ci serait rebâtie, le sanctuaire et l'autel par le prieur,
qui fournirait le calice et les ornements, la nef par les paroissiens,
qui fourniraient le luminaire pour le service divin.

Alors Louis Darliac, prieur de Pont-en-Royans, fit refaire l'autel
de Laval, fournit les ornements nécessaires, et y fit faire le service
divin par le Père Louis Martin, carmélite, vicaire à Sainte-Eulalie.
Ce service fut commencé par ce religieux bien avant août 1644, et
fait par lui ou les curés de Sainte-Eulalie jusqu'à août 1651.

Mais le chœur seul était couvert, la nef était découverte vers la
porte et non fermée ; par suite, on y était exposé au mauvais temps,
et l'église elle-même l'était aux ordures et à la profanation. L'évêque,
sur une requête que lui adressèrent le 9 août 1651 les gens de Ste-
Eulalie, contrariés de n'avoir pas leur curé tous les dimanches, ré-
voqua l'ordonnance du 22 octobre 1642, qui n'avait d'ailleurs été
donnée que par provision, et les offices de Laval cessèrent.

Les gens de ce lieu ne se résignèrent pas longtemps à ce nouvel
état de choses. Après avoir continué jusqu'en 1653 à payer la dîme
au prieuré du Pont, ils se déterminèrent à la refuser, et la consi-
gnèrent entre les mains de Pierre Barret, de Saint-Laurent, pour

qu'elle « fût employée à l'effet du divin service » de la manière qu'ordonnerait l'évêque. Darliac réclama, en disant que l'interruption du service divin n'était nullement son fait à lui, mais celui du curé de Sainte-Eulalie, qui du reste avait agi d'après les ordres de l'évêque ; et qu'au surplus, les gens de Laval n'avaient pas dans leur église ce qui constitue une paroisse, que depuis longtemps ils s'étaient dit eux-mêmes de celle de St-Laurent. Il ajoutait que néanmoins le prieuré du Pont percevait légitimement la dîme de Laval, démembrée de celle de St-Laurent ; qu'il avait pour lui la prescription de 40 ans qui suffisait d'après le droit. Cependant, Darliac ayant recommandé au curé de Sainte-Eulalie de faire le service de Laval, ce curé répondit qu'il ne l'omettait qu'à cause de l'état indigne où était l'église. Puis, voyant que Darliac le voulait amener en cause dans le procès né entre lui et Laval devant le vibailli de St-Marcellin, il fit signifier le 5 septembre 1654 aux habitants de Laval d'avoir à faire réparer leur église. Il promettait d'y aller célébrer suivant l'ordonnance épiscopale, dès que l'église serait décente, et protestait qu'il était toujours allé et continuerait d'aller y administrer les sacrements à toute demande de ce à lui faite. Bien plus, il adressa au vicaire général une requête pour qu'il fût enjoint aux habitants de réparer leur église, et permis à lui, en attendant la réparation et la réconciliation, de dire à Sainte-Eulalie les messes qu'il dirait à Laval si c'était possible, et de continuer à retirer la même congrue. Cela lui fut accordé le 29 septembre par Garnier, vicaire général et official commis.

En attendant, le procès allait son train, quand une transaction intervint entre Darliac et les habitants, le 5 novembre 1654. On régla comme suit :

1° Main levée des grains de la dîme est accordée à Darliac, qui continuera à la percevoir ;

2° Les habitants feront relever la nef dans six mois, et Darliac fera restaurer le chœur, si c'est nécessaire ;

3° Après cela, on fera faire la toiture, dont Darliac payera un tiers, et les habitants le reste ;

4° L'église en état, Darliac fera célébrer chaque troisième dimanche du mois, et continuer l'administration des sacrements.

Le curé de Sainte-Eulalie continua à administrer les sacrements à Laval, et à y enterrer les morts du lieu dans le cimetière qui était autour de l'église, et même dans celle-ci. Il recevait pour cela 12 li-

vres en sus de sa congrue de 200 livres pour la cure de Ste-Eulalie.
Le prieur du Pont perçut la dîme de Laval, affermée 64 livres par
an en 1658, 63 livres en 1670, 60 livres deux chapons et quatre pou-
lets en 1673, 63 livres en 1681 et 71 livres en 1691. Mais les habitants ayant, malgré une nouvelle ordonnance de l'évêque faite en
visite à Sainte-Eulalie, négligé la réparation de la nef, le service divin ne fut pas repris. C'est ce que relate un assez long mémoire rédigé en 1679 par un Antonin de Pont-en-Royans, qui y rapporte
entre autres choses, ce qui suit :

« L'église de Laval est dédiée à S. Mémoire, évêque d'Apouille.
Elle a donné le nom à la vallée et étoit d'une très grande dévotion
et concours les siècles passé(s), auparavant que les prétendus Ré-
formés l'eussent ruinés. On a recours à ce grand Saint contre les
vertiges, phrénésie, imbécillités, frilles et autres infirmités qui trou-
blent le bon sens et le raisonnement (1). On y acouroit anciennement de tout le Dauphiné. Cette dévotion seroit facile à rétablir, si
la chapelle étoit réparée, qu'on y alla dire la sainte Messe un jour
fixe de la semaine et qu'on y solemnisa la fête du saint avec indul-
gence. Elle est maintenant dans l'église de St-Laurent, dans une
chapelle que le curé de cette paroisse a orné de la figure de cet évêque.

« ..... On n'a pas payé jusqu'ici la 24ᵉ des pauvres, laquelle, sur
le prix de l'arrentement, monte à 42 sols 6 deniers, et parce qu'on
donne bien davantage par an aux pauvres de Laval qui se présentent à la porte du prieuré, et parce que Laval doit être compris dans
les neuf livres qu'on est convenu de donner aux pauvres de Sainte-
Heulalie, veu que ces dismeries sont unis pour porter les charges par
indivis, tant celle de la 24ᵉ que du service divin.

« Ce bénéfice est pareillement exempt des décimes qu'il n'a point
payé jusque icy ; c'est pour les raisons qu'on a dit cy dessus, sçavoir
qu'étant portion et partie du prieuré de St-Laurent, de l'ordre de
St-Jean-de-Jérusalem, lorsque les décimes furent imposés sur les
bénéfices de France, il participa à l'immunité qui en fut accordé à
cet Ordre, dans laquelle il persévère mesme après en avoir été séparé
et uny au prieuré du Pont de l'Ordre de St-Antoine... »

(1) Le même mémoire dit ailleurs qu'on a recours au même saint « dans les infirmités des vertiges, epilipsie, folies et maléfices. » D'autre part, on nous a affir-
mé que les pèlerins qui recourent maintenant à S. Mémoire et vont à la source
qui en porte le nom, le font ordinairement pour obtenir la guérison des maux de
figure des enfants, surtout de la *rache*.

Relativement à un pré d'environ 1/4 « de faucherie » voisin de l'église, qu'on assurait avoir jadis fait partie du cimetière, l'évêque avait, le 19 septembre 1658, enjoint aux Antonins de le reprendre à Tortel, et notre mémoire constate que le curé de Sainte-Eulalie s'en était mis en possession sans opposition de Tortel, qui cependant « continuait à y faucher l'herbe. »

Sans contrôler les assertions de ce mémoire, douteuses sur plusieurs points, nous constatons du moins avec bonheur qu'en 1686 on songeait enfin sérieusement à restaurer l'église. Habitants et forains demandaient à l'évêque « la permission de rebastir leur esglize, affin qu'on y puisse dire la messe, et que Messire Louys Clery, scindic du prieuré du Pont, » pût y administrer les sacrements « et y célébrer la messe prorata du revenu affecté pour cella. » Ils offraient « mesmes de l'aulmenter en ce » qu'ils pourraient, « pour avoir la messe plus souvent. » L'évêque donna, le 6 avril 1686, la permission requise, et, le 18 mai suivant, L. Clery, syndic, donna le prix fait de « la masonnerie de l'église de Laval » à « Mᵉ Sevet et à Mᵉ Pierre Bourne, sçavoir que la muraille d'un costé et d'autre aura deux pieds de large, qu'ont leur fornira la chaux, la pierre et le sable sur la place, et qu'ont leur donnera 24 sols de la toise tant plain que vuide, et que les habitans seront tenus de leur fournir le bois pour echafauder et les benattes qu'ils auront de besoin, et qu'on les payera à proportion d'ouvrage, aussi bien qu'Alexandre Daspres leur associé. »

En 1688, une assemblée des habitants du lieu avisait à trouver l'argent nécessaire pour payer le travail fait. Quelques personnes en firent l'avance.

Le 7 juin 1697, Mgr de Pajot, évêque de Die, étant en visite canonique à Laval, y fut reçu par le R. Père Bombassey, qui y faisait les fonctions curiales, et trouva le chœur et une partie de la nef nouvellement réédifiés et fermés par des planches. Le Père dit au prélat « qu'il y avait sur le rolle imposition faitte pour continuer ladicte réédification jusques à l'ancien clocher qui » était « abattu » et servirait d'entrée. Sur l'autel était un tableau de S. Antoine fort vilain et sans cadre, un devant d'autel de ligature, une croix et quatre chandeliers en bois, deux coussins en cuir, des nappes en état, une pierre sacrée, un tabernacle en bois peint et renfermant une boite en laiton pour mettre les hosties, et sur le gradin en sapin « une relique de S. Benoît baptisé enchassé dans du bois et une vitre ». On

montra à l'évêque le marchepied de l'autel en bois de sapin, le
chœur planchéié, un confessionnal neuf, une lampe d'étain, un
bénitier en cuivre, une relique de S. Clément enchassée dans du
bois doré avec une verrière, un calice avec coupe d'argent et patène
en alquemie, une aube, les saintes huiles dans une boîte, quelques
ornements, etc. Pas de fonts baptismaux, ni de cloche. Tourtel
disait qu'on avait réduit son pré outre mesure. L'évêque prescrivit
des mensurations, et dit qu'il faudrait lui relâcher ce qu'il serait
juste, et, s'il y avait lieu, rapprocher la croix en la transportant dans
la partie gardée autour de l'Eglise.

Après cela, on trouve le service divin fait à Laval par L. Gelle,
religieux de S. Antoine, en 1699, année ou commencent les registres
de catholicité de Laval conservés ; par le P. Brenier, en 1700 ; par
L. Gelle, en 1701 ; par le P. de Fontenilhes, de 1702 à 1705 ; par
le P. J. Faujas de 1706 à 1708 ; par « Girardet, curé, » en 1709 ;
par « de Baleine, curé », en 1711.

Cependant, au commencement de 1712, Jean Bonnet, délégué
par ses concitoyens de Laval, obtient de l'évêque de Die une ordonnance prescrivant la résidence à Laval d'un prêtre qui s'offrait pour
cela et signifiée au prieur du Pont le 7 janvier de ladite année.
Le prieur fait signifier opposition motivée à Bonnet le 26 du même
mois, et les Antonins continuent à faire le service sur le même
pied, et à percevoir la dîme, affermée 60 livres en 1713, et 2 milliers
de paisseaux ou échalas de plus en 1717 et 1726.

En 1718, un rôle de la somme de 440 livres était imposé sur
Laval pour rembourser à ceux qui avaient prêté pour réparer l'église ;
en 1724 Lamberton obtenait de l'évêque une place pour un banc de
sa famille tout près du chœur, en considération des sacrifices tout
particuliers qu'il avait faits pour achever les réparations ; et, le 24
janvier 1740, le R. P. de Russy, supérieur de Pont-en-Royans,
demandait à M. de Zomberghe, vicaire-général de Die, la permission
de bénir une cloche que les habitants venaient « de faire fondre pour
la placer dans leur clocher », cloche qui fut bénite, le 7 du mois
suivant par le P. de Russy lui-même, et qui eut pour parrain Jean
Armand dit *le Roy*, et pour marraine Marie Lamberton.

Les Antonins continuaient à desservir Laval et à en percevoir la
dîme, affermée 60 liv., 2,000 pesseaux et 120 livres de foin servant
à nourrir leur cheval pendant leur séjour à Laval pour le service,
quand, le 29 juillet 1749, l'évêque chargea par commission un prêtre

nommé Servat du service de Laval. Mais un mémoire et une lettre du 23 août suivant, adressés à l'évêque par le R. P. Durret, supérieur du Pont, firent immédiatement revenir le prélat sur sa nomination, et les Antonins continuèrent le service, pris et fait dès lors par celui d'entre eux qui était curé de Sainte-Eulalie.

En 1757, la dîme était affermée pour 6 ans, pour le prix annuel de 110 livres, 2,000 *paisseaux* de buis, un agneau et le foin nécessaire au cheval monté par le prêtre qui allait desservir. Une étrenne de 48 livres fut en outre payée comptant par les fermiers.

Quant à l'église et au service, ils n'étaient pas encore parfaits. Le 23 octobre 1759, l'évêque, partant de la chartreuse de Bouvante, arrivait vers 8 heures du matin à Laval, où le recevaient le P. Durret et les principaux habitants du lieu. Le prélat confirma environ 30 personnes, et fit sa visite. Le chœur était voûté et en coquille ; le sol, en planche, avait besoin de réparation ; la voûte, les murailles et le toit étaient en état ; une balustrade en noyer, servant pour la communion, séparait la nef du chœur, où les chantres avaient des sièges tout autour ; le tabernacle était *doré en entier*, ainsi que le rétable et l'exposition ; la coupe du calice, la patène et le porte-Dieu étaient en argent et dorés en dedans ; le St-Sacrement n'était en réserve que quand il y avait des malades ; l'autel était en maçonnerie et assez bien garni, notamment d'un tableau décoloré représentant saint Mathieu et saint Mémoire ; les ornements étaient pauvres et insuffisants ; la nef était grande et lambrissée de neuf ; le sol était planchéié ; il y avait trois fenêtres de chaque côté, deux portes, un bénitier en pierre, un confessional, des fonts baptismaux à gauche en entrant ; le clocher, au-dessus de la principale porte, avait une cloche. Pas de ciboire, de soleil, de fontaine, de bannière, d'écharpe, de chape, de banc pour le curé, d'encensoir, de sacristie, de drap mortuaire, de catafalque, de chaire, de chapelle, de fondations, de confréries, de fabrique, de revenu pour les pauvres, ni de sépultures. S. Mathieu était le patron titulaire, on en célébrait la fête le 21 septembre. Laval avait 18 ménages, tous catholiques, et environ 60 communiants ; la dîme, payée à la cote 20e pour le blé et les légumes à l'exception des haricots et fayolles, au grenier, et à raison de 1 sol 6 deniers par agneau, était affermée 122 livres ; les Antonins faisaient dire la messe de trois en trois dimanches ; les 2es fêtes de Pâques, de Pentecôte et de Noël, le jour de saint Mathieu et celui des Trépassés. On offrait d'augmenter la dîme, si on leur disait la messe tous les dimanches et fêtes, ou au moins tous les quinze jours. Le cimetière avait une haie vive au midi, et des murailles des autres côtés. La maison curiale se composait d'une chambre avec une écurie. Le 21 novembre suivant, l'évêque prescrivit des choses qui manquaient, et la communication aux Antonins de la proposition concernant l'augmentation du service.

Bientôt après, les habitants demandent à l'évêque d'ordonner qu'ils auront un prêtre en résidence, ou au moins le service divin tous les dimanches et fêtes. Ils augmenteront la dîme autant qu'il faudra pour cela ; mais que les Antonins acceptent, ou renoncent à la dîme. Dans ce dernier cas, on cherchera ailleurs un desservant.

Les Antonins, ayant eu communication de la requête, répondent, le 5 février 1761, que la demande n'est pas fondée ; mais que, si on veut assurer 300 livres de revenu, construire un logement, entretenir le chœur, fournir les ornements, et que l'évêque érige Laval en cure, ils ne voyent rien de mieux.

Après deux ans de renvoi, les habitants font insinuer, le 1er juillet 1763, l'ordonnance épiscopale du 21 novembre 1759 aux Antonins, et en requièrent réponse sur leurs intentions relativement à l'augmentation du service. Les Antonins répondent aussitôt, qu'ils augmenteront le service quand les habitants se seront soumis à une augmentation convenable de la dîme.

Les habitants s'adressent au parlement pour obtenir ordre d'un service de vicaire résidant pour 150 livres. On leur répond, le 30 juillet, qu'ils ont à s'adresser à l'évêque. Ils le font, et, le 26 octobre 1763, l'évêque offre de conférer la cure de Laval à un sujet capable, si on assure 300 livres de congrue, ou de commettre un prêtre y résidant, pour un honoraire de 200 livres.

Le 18 novembre suivant, cette ordonnance épiscopale est intimée aux Antonins, qui ne répondent pas dans les 24 heures. Par suite, un procès s'engage devant le Parlement ; il se termine en 1765 par l'abandon que les Antonins font de la dîmerie de Laval. Mais déjà l'église et le soin des habitants de Laval avaient été confiés à M. Jean-François Bellier du Charmeil, d'une famille considérable de Pont-en-Royans.

Ce prêtre était fils de M. Jean-François-Jacques-Etienne Bellier et de dame Marie-Madeleine Faure. Il naquit à Pont-en-Royans, le 23 octobre 1737, et fut baptisé le même jour dans l'église paroissiale du lieu.

Quelques années après sa naissance, son père, ancien officier d'artillerie, acquit de M. de Prunier de St-André, président au parlement de Dauphiné, la seigneurie de Presles, du Charmeil, et de Champeverse. Dès lors, le chef de la famille et le fils aîné portèrent le nom de Bellier de Presles, et le second fils celui de Bellier du Charmeil.

M. Jean-François Bellier du Charmeil était déjà chargé par l'évêque au commencement de septembre 1764, en conséquence d'une lettre de M. de Beaumont, antonin du Pont et curé de Ste-Eulalie, de desservir Laval. Il le faisait en 1765 avec la qualité de « prieur-curé » de ce lieu, où il résidait.

Il avait acquis un jardin au midi de l'église et était en voie d'augmenter le local de la maison curiale, quand, le 2 novembre 1776, un huissier lui signiffia, de la part « des sieurs consuls et communautés de Laval », d'avoir à remettre toutes les choses dans leur premier état ; car il ne pouvait « transporter dans son jardin » la terre qu'il sortait du cimetière, ni construire sur celui-ci un bâtiment, qui « boucheroit » d'ailleurs « deux des fenêtres de l'église et la rendroit par là très obscure. »

En 1778, il quitta la cure de Laval pour prendre celle de Sainte-Eulalie, et fut remplacé à Laval par son frère M. Jean-Baptiste Bellier.

Ce dernier, né à Pont-en-Royans le 24 octobre 1748 et baptisé bientôt après dans l'église de cette paroisse, fut d'abord chanoine régulier de St-Antoine, puis prêtre conventuel de l'Ordre de Malte par la réunion des deux Ordres, ce qui le fit surnommer l'Antonin dans sa famille et dans le pays.

Le 3 décembre 1778, il bénit « la nouvelle cloche » de sa paroisse assisté de son frère le curé de Sainte-Eulalie. Le parrain fut Jean-Baptiste Fontaine, de Laval, et la marraine dame Pélagie Bellier, épouse de M. Macaire, bourgeois de St-Jean-en-Royans (1).

Le 10 septembre 1788, M. Bellier, signa à Romans, comme curé de Laval-Saint-Mémoire, et avec son frère, curé de Sainte-Eulalie, ainsi que d'autres, une protestation au sujet du mode d'élection, par les bureaux diocésains, des représentants du clergé à l'Assemblée

(1) Cette cloche, du poids d'environ 12 quintaux, portait autour du corps l'inscription suivante, fautive en plusieurs points : LE PARRAIN A ÉTÉ S. R. J. BAPTISTE FONTAINE. LA MARRAINE A ÉTÉ CLEMENCE ET DAME PELAGIE BELLIER, MACAIR, M. BONNET. Sur la panse, on lisait d'un côté : M. BELLIER CVRÉ ; de l'autre : JOSEPH VACHAT M'A FONDV. 1778.

de Romans. Cette protestation fut soumise le lendemain 11 septembre par deux des curés signataires à l'Assemblée, qui décida qu'à l'avenir les députés du Clergé seraient élus, ainsi que le demandaient les protestataires, directement et librement par les curés.

Encore curé de Laval en octobre 1792, date vers laquelle il remplissait, avec son confrère de St-Laurent, une formalité relatée plus haut, M. Bellier l'Antonin vit les plus mauvais jours de la Révolution. Le 20 novembre 1792, la municipalité se faisait livrer avec inventaire les registres de Laval, qu'on continua d'une manière purement civile. Son église, dont la commune votait encore le cierge pascal le 7 décembre 1793, était, le 19 février suivant (primidi de la 1re décade de ventôse an II), dépouillée, au nom de la loi, de son mobilier. L'inventaire de celui-ci, rédigé par les officiers municipaux, dans la maison curiale, sous les yeux du curé, mentionne un calice avec patène d'argent, un soleil d'argent s'adaptant au pied du calice un porte-Dieu d'argent servant pour l'extrême-onction, 6 ornements 4 étoles pastorales, une chape avec son écharpe, un dais, 2 missels, une bannière, etc. Enfin, le 10 mars 1794 (2e décadi de ventose an II), ce curé renonce à toutes fonctions curiales ou sacerdotales, et dépose ses lettres de sous-diaconat, de diaconat et de prêtrise sur le bureau de l'assemblée municipale de St-Laurent, pour être envoyées au district de Valence, suivant la loi. Après cela, constatons que, d'après la tradition, on dansa dans l'église de Laval pendant la Révolution. Quant à M. Bellier l'*Antonin*, retiré dans sa famille à Pont-en-Royans, il desservit de là, dès le rétablissement du culte, « les paroisses de Choranche et Châtelus. » Vers 1806, son âge lui rendant difficiles de fréquents déplacements à une distance de 6 kilomètres, il alla fixer sa résidence à Choranche. Il y a exercé les fonctions de curé jusqu'à son décès, arrivé à Choranche même le 23 février 1816, à 9 heures du soir.

Mais revenons à son frère Jean-François.

Le nom de celui-ci figure dans un opuscule intitulé : *Mémoire sur les maladies épidémiques qui ont régné dans la province de Dauphiné depuis l'année 1780, avec des observations sur les eaux minérales, sur l'histoire naturelle de cette province et quelques consultations de médecine*, par M. Nicolas (Grenoble, de l'imprimerie royale. 1786, 1 vol. in-18), pages 71-3. Il s'agit de tombes anciennes contenant des ossements de grande taille, découvertes dans le Royannais, et décrites à l'auteur par M. le curé Bellier du Charmeil.

Mais ces études scientifiques, ajoutées au soin de sa paroisse de Ste-Eulalie, ne suffisaient pas à son activité. Il avait à Laval divers fonds, et notamment un pré au sujet duquel il soutint vers 1779, contre Belle, qui l'avait traversé, un assez long procès. Le 5 février 1792, il déclara le défrichement d'un terrain en rocher ou tartre qu'il avait fait convertir en pré, pour jouir du bénéfice des articles 6, 7, 8, 9 et 10 du titre 3 du décret des 20, 22 et 23 novembre 1790, sanctionné le 1er décembre suivant. Enfin, il eut la fabrique à soie voisine de l'église, encore à lui en 1803, et achetée plus tard par M. Allyre. Or, le soin de ces biens l'appela quelquefois à Laval, où la présence de son frère l'*Antonin* ne pouvait du reste que l'attirer. Souvent même il remplaça celui-ci en cas d'absence ; il le fit notamment dans les derniers mois de 1783, de 1784 et de 1785, en 1786, de 1788 à 1791 et de juin à octobre 1782. Ce fut lui qui dut, au nom de son frère, remettre les registres de l'église à la municipalité. Enfin, quand arriva la persécution ouverte, il fut contraint de rester enfermé 3 jours dans une garde-robe, à Pont-en-Royans.

Souvenirs et biens se réunissaient pour l'engager à s'éloigner peu de Laval pendant les jours terribles. Par suite, à la sollicitation de ses oncles, M. Louis-Joseph Bellier du Charmeil acquit de la nation le 28 août 1796 (11 fructidor an IV), l'église et la maison curiale de Laval, afin d'empêcher une désaffectation irréparable et de rendre l'église au culte lorsque les temps seraient moins troublés. Aussi, le 24 juin 1800, M. Jean-François Bellier du Charmeil, encore qualifié curé de Ste-Eulalie, était avec M. Tortel, témoin de baptêmes faits à Laval par M. Darène. Du reste, d'après une lettre conservée par sa famille, il fut réinstallé à Laval avec le titre de curé de ce lieu, et en remplit les fonctions dès 1801.

En mars 1803, les *habitants de Laval songaient à racheter l'église et la cure*. La famille du curé a conservé une lettre de celui-ci à son neveu de Pont-en-Royans, laquelle est ainsi conçue :

« Laval, 25 mars 1803.

« Je te dirai, mon cher neveu, que les habitants de Laval se sont enfin assemblés et me sont venu trouver, pour que je te porte à leur vendre l'église et la cure ; je leur ai dit que je ne connaissais pas tes intentions quant à ce. Ils m'ont prié de te marquer que tu leur fis ce plaisir et qu'ils te paieront de suite. Il n'a pas été question du traitement qu'ils veulent me faire. J'ai été bien aise de leur faire le plaisir de t'écrire, et leur ai dit que tu n'emporteras pas cette église après mon décès. Tâches de les arranger à leur satisfaction, et tu obligeras ton bon oncle.

« BELLIER DU CHARMEIL, *prêtre*. »

En même temps qu'il remettait cette lettre pour son neveu aux délégués des habitants de Laval qui se rendaient à Pont-en-Royans pour traiter du rachat de l'église, le curé confiait à l'un d'eux une autre lettre portant la même date et adressée à son frère l'*Antonin* résidant alors au Pont. La voici :

« Laval, le 25 mars 1803.

« Il faut prévenir du Charmeil qu'il n'ait point égard aux recommandations que je viens de lui faire à l'occasion des habitants de Laval qui se sont assemblés icy à la cure au nombre de huit; ils ne m'ont point parlé de mon traitement et veulent acheter l'église et la cure. Ils m'ont prié de leur donner une lettre de recommandation pour notre neveu, ce que j'ai fait pour qu'ils ne fussent pas allés bavarder à Valence que c'était nous autres qui empêchions qu'on la leur vendît. Je sais bien qu'ils ne réussiront pas auprès de lui ; ce qui me fait plaisir, attendu que ces effets se trouvent dans nos possessions et que nous n'y pourrions jamais faire la moindre réparation sans qu'ils vinssent faire les avocats comme ils m'ont fait dans toutes les occasions. »

Cette lettre, qui n'est pas signée, porte en note ce qui suit : « *Tace* au porteur du contenu cy inclus, quand même il t'en parlerait... Ne dis pas ton sentiment sur tout ce qu'il te dira. »

M. Bellier du Charmeil était, on le voit très prudent. L'était-il trop ? Nous ne le pensons pas. En effet, les contestations qu'il avait déjà subies, la tranquillité dont on sent surtout le besoin à son âge, et le souvenir encore vivant des troubles de la Révolution, expliquent bien sa prudence et ne justifient pas trop mal ses procédés. Il eut d'ailleurs la consolation de voir que son neveu, M. Louis-Joseph Bellier du Charmeil, alors maire de Pont-en-Royans, entrait parfaitement dans ses vues. La réponse suivante, adressée « à Monsieur Bellier du Charmeil, propriétaire à Laval, » lui en apportait la preuve :

« Pont-en-Royans, le lundy septième germinal an 11º.

« Mon cher oncle,

« Il y a deux jours que j'ai reçu votre lettre, me portant le vœu de plusieurs habitants de Laval à l'égard de l'église et maison curiale de cette paroisse qu'ils désirent achetter. J'ai besoin du temps et de mûrir quelques reflexions, avant de me décider à prendre une détermination positive. En attendant, je vous prie expressément de prendre les mesures les plus promptes pour faire réintégrer la cloche dans laditte église et de donner commission a quelques maçons pour me tirer des tufs, pour la faire placer dans une fenêtre et de la même manière qu'a été posée celle de Ste-Eulalie. Vous aurez la bonté de tenir note de tous vos frais que vous occassionnera cette commission et de même de tous les déboursés que vous serez dans le cas de faire pour l'entretien et réparations desdits bâtiments, et à première vue j'aurai le plaisir de vous rembourser de toutes vos avances ; mais, en attendant, soignez bien le tout et ayez soin d'y tenir fermé tous les soirs et de faire arranger les toits pour que les goutières ne dégradent rien.

« Voilà tout ce que je puis vous dire, mon cher oncle, pour le moment.

« J'ai l'honneur de vous saluer très respectueusement.

« L. BELLIER. »

Bien que « le citoyen Jean-François Bellier, prêtre desservant l'annexe de Laval à la succursale de St-Laurent-en-Royans, » eut prêté, le 12 octobre 1803 (19 vendém. an 12), audit titre, le serment requis, Laval perdit son titre civil, puisque, en novembre 1808, les principaux du lieu songeaient à faire « établir une annexe dans leur hameau. » A la suite d'une lettre du préfet au maire de St-Laurent, ils priaient les officiers municipaux de cette commune de prendre une délibération dans ce sens. Mais ceux-ci n'approuvèrent pas la demande et se contentèrent de déférer la question à l'évêque et au préfet. En 1810, furent faits des murs autour du chœur de l'église. De 1811 à 1813, l'église fut entièrement restaurée, et en 1817 le mur de clôture de la cure était reconstruit. Le tout aux frais des habitants, qui firent encore inutilement en 1813, sous la mairie de Joseph Lamberton, des démarches pour obtenir le titre d'annexe.

7

M. Bellier ne continua pas moins à desservir Laval, utilisant en outre ses talents et sa science, et employant le temps non pris par le saint ministère, à l'éducation de la jeunesse de sa paroisse et même de jeunes gens de bonne famille de Saint-Laurent et de Saint-Jean.

Mais sa fin approchait. Plus de signature de sa main dans les registres après le 22 mars 1819. Cependant, ce ne fut que le 1er décembre 1820 qu'il mourut, en sa cure de Laval, dans sa 84e année, laissant son avoir aux enfants de son neveu Louis-Joseph Bellier du Charmeil, décédé lui-même dix ans auparavant. Depuis 1820, Laval n'a pas eu de prêtre en résidence, ni de service divin même seulement dominical.

Quant à l'église et au presbytère, ils furent vendus le 15 décembre 1822, au prix de 700 francs seulement, par Madame Marie-Antoinette-Angélique Marier, veuve de M. Louis-Joseph Bellier du Charmeil, rentière, résidante au Pont, agissant pour Elisa et Louis Bellier, ses deux enfants, et comme tutrice de Charlotte Bellier, sa fille mineure, à Michel-Grégoire Tézier, négociant et maire de Pont-en-Royans. De M. Tézier, ces immeubles vinrent par acquisition à cinq propriétaires du lieu, qui cédèrent à tous les habitants leurs droits sur l'église, et à M. Bonnet toute propriété sur le presbytère.

L'église, bien réparée en 1848 et munie d'un autel neuf en bois donné par M. Allyre, propriétaire de la fabrique, ne tarda pas à dépérir de nouveau, et la cloche de 1778, placée dans une embrasure vers le pied de l'église, en tomba en 1853, par suite du croulement du mur, et se fêla. Elle fut refondue à Lyon, en 1860, par les soins de M. Champavier, curé, grâce à quelques donateurs, surtout à M. Allyre, et est depuis lors placée à une fenêtre de l'ancien clocher carré. Elle a eu pour parrain M. Gilbert Allyre-Bourbon, maire de Chatte, et pour marraine Mme Louise-Amanda Martin, son épouse.

Depuis quelques années l'état de cette église est tel qu'on ne peut décemment y célébrer. Il n'y a plus de bon, avec la cloche, qu'un petit calice d'argent, que Mme Bonnet avait obtenu des héritiers de M. Bellier. Les quelques ornements et le peu de linge que l'on a sont aussi insuffisants que détériorés.

Du reste, la dévotion à saint Mémoire est à l'unisson. Car nous sommes réduit à constater avec M. Vincent que si notre ancienne paroisse, est « renommée par l'affluence des étrangers et des pèlerins qui venaient autrefois en dévotion dans ce pays abrupte et sauvage, » l'affaiblissement de la foi et « la cessation des offices divins n'ont pas peu contribué à faire délaisser le pèlerinage de Laval (1). »

IX. — ILLUSTRATIONS ECCLÉSIASTIQUES.

Du mariage de M. René-Simon Didon, préposé en chef des forges et usines de St-Laurent-en-Royans, avec Adélaïde-Reine-Madeleine Dalain, naquit, audit St-Laurent, le 28 juillet 1806, un fils qu'on appela Philippe-Victor. Celui-ci fut baptisé dans l'église du même lieu, le 4 août de la même année. Il eut pour parrain M. Marie-Martin-Philippe Maugin, de Montmirail, et pour marraine Mlle Françoise-Joséphine-Victoire Dalain, représentée par Mlle Marguerite-Madeleine-Victoire Didon, sœur du baptisé. Plusieurs personnes notables du voisinage assistèrent au baptême de cet enfant, qui entra au séminaire de St-Sulpice, à Paris, en 1828, y reçut l'ordination en 1830 et se livra à la prédication.

Les discours de l'abbé Didon étaient faciles, élevés, toujours solides et édifiants. Il fut nommé supérieur du séminaire de St-Nicolas, à Paris, où il mourut en juin 1839.

On a de lui plusieurs ouvrages dont voici la liste, d'après la *Littérature française contemporaine* : 1° *Voyage d'un jeune Irlandais à la recherche d'une religion, avec des notes et des éclaircissements*. Traduction de l'anglais de Moore, 3e édit., Paris, Gaume, 1836, in-8°. — 2° *Morale de la Bible ou explication des commandements de Dieu*. Paris, id., 1836, 2 vol. in-12. — 3° *Thaïs, comtesse de Rupelmonde, ou le Monde et la solitude*. Paris, Périsse, 1838, in-18. — 4° *Chemin de la Vie ou Exposition raisonnée des dogmes de la morale chrétienne*. Paris, id., 1838, in-18. — 5° *Nouveau mois de Marie, à l'usage des personnes du monde*, 3e édit., Paris, Gaume, 1840, in-32. — 6° *Histoire sainte, suivie d'un abrégé de la Vie de N.-S. Jésus-Christ,*

(1) Arch. de la Drôme, D. 47 ; E, 120 ; *visites* de Die et fonds de Ste-Croix. — Mairie de St-Laurent, reg. de cathol. et délibérat. municip. — Arch. de l'église de St-Laurent. — Id. de la famille Bellier du Charmeil. — Documents divers en nos cartons. — Procès-verbal orig. de l'Assemblée de Romans en 1788, p. 82-3. — VINCENT, *Lettres histor.* cit., p. 252-3. — Notes de M. Bouvaret, curé de Choranche.

8ᵉ édit., Lyon et Paris, Périsse, 1844, in-12. — 7ᵉ *Histoire ecclésias-tique*, 7ᵉ édit., Paris, id., 1844, in-18. — 8ᵒ *Abrégé de l'histoire ecclé-siastique*, Paris, id., 1855, in-18 (1).

(1) Arch. de l'église de St-Laurent, reg. de catholicité. — *Mémorial encyclopé-dique*, juillet 1839, p. 438. — Adolphe Rochas, *Biographie du Dauphiné*, art. *Didon*.

Au moment de terminer notre travail sur St-Laurent, nous prions le lecteur d'y faire les corrections et additions suivantes :

Page 15, l 2, au lieu de *choses*, lire *fonds* ; p. 19, l. 30, au lieu de *morta-logia*, lire *mortalagia* ; p. 20, l. 10, au lieu de *ludantagia*, lire *laudimia*, et ajouter comme revenus de la commanderie les *introges (introgia)*, droits payés par les nouveaux tenanciers ; p. 20, l. 6, au lieu de *des Olarges (de Olargiis)*, lire *des Olargues (de Olargis)* ; p. 24, l. 5, ajouter aux charges d'Eymeric l'obli-gation de faire 300 provins à la vigne du commandeur, dont il percevait les fruits, comme l'explique l'acte du 15 juillet 1468, dont voici le texte intégral :

« Pro nobili viro fratre Johᵉ de Arlendia, milite, preceptore Aven(ion.) et Sancti Vincencii Valen(cie).

« Anno Domini mᵒ iiij lxviij, et die xv jullii, nobilis Guillelmus Cassardi, pre-ceptor Sancti Vincencii de Olargis, Narbon. dioces., procurator dicti domini pre-ceptoris, per quem promisit premissa ratifficari facere, etc., locavit seu ad firmam dedit nobili Eymerico, loci Sancti Laurencii in Royanis, Dien. dioces., presenti etc., omnia emolumenta et jura que ipse dominus preceptor percipit ratione sue preceptor(ie) in ecclesia, loco et parrochia dicti loci Sancti Laurencii, sive sint census, redditus, decime, canones, laudimia, introgia, mortalagia, fructus vinea-rum, pratorum et terrarum (*addit. en interligne* et aliorum predior.) in eadem parrochia situatorum et ad ipsum dominum preceptorem pertinen(tium) et spec-tan(tium), ad et per unum annum et unam presiam inchoat. die festi beati Johan-nis proxime preteriti et consimili die finiend., precio seu loquerio quinquaginta florenor. monete current., solvendos xxv floren. hinc ad festum calendar. proxim. et alios xxv floren. hinc ad primam dominicam mensis maii proxim(i), cum damp-nis, etc, Item, ultra hec solvere debeat census debitos pro ipso anno domino de Cassenatico, quos percipit ratione dictorum prediorum, necnon pentionem quam percipit dominus curatus dicti loci et percipere consuevit ab eodem domino pre-ceptore annis singulis. Acto quod debeat (*addit.* in) anno prox(ime) ven(turo) tempore congruo putare, fodere et leare vineam dicti domini preceptoris de qua recipiet fructus hoc anno, et provanare decenter acinis usque tercentum provanos. Promictentes dicte partes, quibus supra nominibus, juramentis suis, etc., premissa actendere, etc. Supponentes se et bona, scilicet ipse nobilis Guillᵘˢ dicti domini preceptoris, et ipse nobilis Eymericus suorum propriorum etc., scilicet ipse dominus Guillᵘˢ domini offic. Valen., et dictus locator spirituali et temporali Valen., Ca-beoli, Sancti Marcellini, Criste, Gratianopol(is). Renunc. etc. Actum Valencie, in domo dicti nobilis Guillelmi, present(ib.) Amedeo Janteti alias Georgeta, Johanne Anordelli, Ludovico de Ponte, Guigone Focherii, habitat(oribus) Valen(cie), et me,

G. de Janta, not. »

(Archiv. de la Drôme, E, 2512, reg. orig., f. lxvj).

Que ne nous est-il permis de donner ici une biographie au moins sommaire de quelques ecclésiastiques encore vivants que Saint-Laurent est particulièrement fier de compter parmi ses enfants ! Nous aurions à dire des choses bien intéressantes sur les vertus de M. André Gachet, né à St-Laurent en 1810, aujourd'hui curé de Montoison et chanoine honoraire de Valence. Nous aurions des récits non moins touchants à donner sur la vie apostolique du R. P. Adolphe Tortel, oblat de Marie-Immaculée, missionnaire au Canada. Les noms d'autres encore de nos vénérés compatriotes, plus jeunes, se présentent sous notre plume. Nous les tairons, pour ne pas affliger la modestie de confrères bien-aimés. Quant à ceux que nous avons nommés, nous les prions de pardonner notre indiscrétion. La longueur exceptionnelle de leurs travaux pour Dieu et pour sa sainte Eglise, ne nous a pas permis de les passer entièrement sous silence.

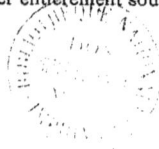

Valence , imprimerie Jules Céas et fils.

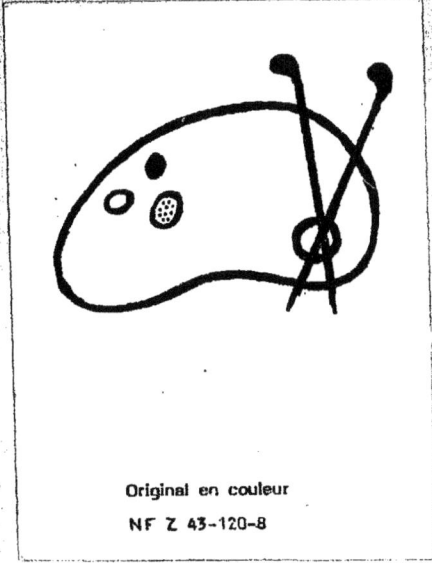

Original en couleur

NF Z 43-120-8

www.ingramcontent.com/pod-product-compliance
Lightning Source LLC
Chambersburg PA
CBHW070021110426
42741CB00034B/2272